Intersezioni

308.

James G. March   Thierry Weil

L'arte della leadership

il Mulino

ISBN 978-88-15-11515-7

Indice

Prefazione

L'oggetto del presente libro, la leadership, è al giorno d'oggi un cliché editoriale. Sembra difficile attribuire ad altro che alla vanità degli autori o alla presunzione degli editori la pubblicazione di un nuovo libro sull'argomento. Senza peraltro negare un eccesso di vanità ovvero di presunzione, spero che questo volumetto possa essere giustificato sia dalle sue modeste dimensioni che dalla sua genesi e dalle sue caratteristiche, peraltro relativamente insolite.

Il libro si basa su letture e domande fatte durante un corso che tenni all'università di Stanford tra il 1980 e il 1994. Alla base del corso c'erano tre convincimenti di fondo. Il primo era che le questioni fondamentali della leadership sono indistinguibili dalla vita stessa: in uno dei dibattiti si rifletteva sui grandi dilemmi dell'esistenza umana quali si presentano in un contesto di leadership. Il secondo convincimento era che per le persone colte la grande letteratura è una fonte primordiale di conoscenza riguardo a tali questioni: ho dunque proiettato sulla leadership uno sguardo ora indagatore, ora scettico o tollerante, attraverso la lente primaria di quattro capolavori della letteratura, *Otello* di William Shakespeare, *Santa Giovanna* di George Bernard Shaw, *Guerra e pace* di Lev Tolstoj e *Don Chisciotte* di Miguel de Cervantes. Il terzo convincimento era che l'istruzione, compresa quella che viene impartita nelle scuole di economia, non dovrebbe mirare a fornire agli studenti ricette o prescrizioni di successo. In modo più aderente ai canoni classici, l'istruzione viene concepita come ausilio agli esseri umani nella comprensione dei dilemmi fondamentali dell'esistenza e della natura essenziale dello spirito umano. Questi obiettivi eroici, naturalmente, non si sono mai completamente realizzati nel corso delle lezioni;

in ogni caso essi hanno in qualche modo fornito una protezione dal gretto perseguimento dell'utile immediato che talora affligge la formazione in materia economica.

Il carattere insolito di questo libro risiede anche nella sua genealogia. Il testo originale era costituito dalla traduzione inglese, ad opera di Matthew Clarke, di un'interpretazione francese, di Thierry Weil[1], di una serie di commenti letterari da me elaborati in inglese. Si trattava di appunti, non di saggi compiuti; da qui l'importanza del fine tocco, per non dire dell'audacia, di Thierry Weil, fisico di professione, studioso delle organizzazioni ed ex consulente del primo ministro francese Jospin, il quale confessava, nell'introduzione alla versione francese di quegli appunti, che ricreare lezioni a cui non si è assistito di persona, e solo sulla base di note ermetiche lasciate da un professore, è una faccenda molto complicata. Il suo tentativo, diceva, era «motivato dal desiderio di preservare una traccia, ancorché confusa, di un'opera originale dal punto di vista sia dei contenuti sia del metodo didattico». Non so se un desiderio del genere sia da elogiare, ma gli sono grato del tentativo.

Il compito era formidabile. Gli appunti riguardavano venti lezioni di 75 minuti l'una e coprivano circa 450 pagine. Ma se da un lato erano voluminosi, dall'altro erano anche incompleti e carenti nello svolgimento, e le lezioni che da essi erano derivate cambiavano di volta in volta. Tradurli in un volume di dimensioni accettabili avrebbe significato da un lato sfrondarli enormemente, dall'altro elaborarli in maniera selettiva. Thierry Weil, già autore di un libro sui miei contributi allo studio delle organizzazioni[2], se ne assunse il compito senza forse rendersi conto, all'inizio, di quello che ciò avrebbe comportato. A parte qualche eccezione, le parole contenute nel presente libro sono le sue.

Il libro non sempre rispetta il dettaglio e la sequenza delle sezioni del corso o degli appunti, né riserva ai diversi temi lo stesso spazio che avevano in quella sede. I diversi capitoli toccano rapidamente argomenti che sono stati dettagliatamente esplorati in altre mie opere per affrontare con maggiore esaustività le idee inedite. Ad esempio, le discussioni sui processi decisionali, sull'apprendimento e sull'assunzione di rischi nelle organizzazioni trovano meno spazio nel libro che negli appunti, mentre per le questioni di genere e sesso accade esattamente l'inverso.

Per contenere il volume in dimensioni accettabili, Weil ha inoltre eliminato una serie di dettagliate discussioni, presenti negli appunti, in cui si affrontavano argomenti che avrebbero richiesto spiegazioni complesse.

Inversamente, ha incluso diversi argomenti che non erano presenti negli appunti ma che ha giudicato particolarmente rilevanti per illustrare, ad esempio, il mio pensiero a proposito della selezione e della reputazione dei leader o del modo di gestire organizzazioni efficienti[3].

In linea generale, questo libro descrive la leadership come qualcosa di meno eroico e storicamente rilevante di quanto non appaia di solito nelle pubblicazioni sull'argomento, e approfondisce i modi in cui una maggiore comprensione del rapporto tra il benessere individuale e lo status e il comportamento dei leader può aiutare questi ultimi a gestire le proprie ambizioni, i propri obblighi e frustrazioni; può inoltre dare agli altri la capacità di valutare, sostenere e contrastare la leadership e può consentire alla società di definire per i leader ruoli socialmente utili e personalmente gratificanti.

Le interpretazioni sviluppate da Thierry Weil sono fedeli allo spirito degli appunti delle lezioni ma non offrono spiegazioni complete né riproducono le lezioni in maniera precisa o esaustiva. Il testo è spesso ellittico, con argomenti più accennati che svolti e nessi che sono lasciati spesso all'immaginazione. È per questo che i capitoli del libro vanno letti più come esercizi di prosa poetica che come comuni saggi.

L'assenza da parte mia di critiche di rilievo o di correzioni attesta a riuscita di Weil quanto a fedeltà interpretativa. Ho fatto alcuni interventi minimi sul testo, ma nel complesso la voce che risuona nel libro rimane quella di Weil. A mio avviso, il fluire delle idee da una lingua all'altra ha aspetti non solo affascinanti ma anche costruttivi e forse persino creativi. Come ha rimarcato lo stesso Weil nell'edizione francese, tale rilassata acquiescenza da parte mia non è del tutto priva di ambiguità. Sono convinto che uno scritto appartenga tanto all'autore quanto ai suoi lettori, e che i significati scoperti dai lettori in un testo siano probabilmente altrettanto interessanti di quelli presenti nella mente dell'autore. In questo caso almeno, scorgo più evocazione che corruzione nel dare alle stampe un libro dalla gestazione così poco convenzionale.

JAMES G. MARCH

Come ha ricordato James March, questo libro è il tentativo di preservare una traccia, sia pur tenue, di un corso che ha profondamente impressionato numerosi studenti e studiosi di Stanford per la sua originalità a livello di contenuti e di didattica, e che non aveva mai dato luogo a una pubblicazione a stampa. Il mio intento era quello di comunicare ad altri una parte del piacere che mi aveva procurato l'incontro, per lo più in forma scritta e troppo di rado attraverso la partecipazione diretta a seminari, conversazioni e dibattiti da lui condotti, con l'opera ricca e sfaccettata di James March. Speravo palesemente che Jim, esasperato dalla mia eccessiva semplificazione della sua opera, si sarebbe sentito costretto a intervenire per ristabilire la verità scrivendo un libro sulla leadership, nonostante la sua avversione a trasferire una performance colorita e vivace nella piatta linearità testuale. Non sarebbero mancati, quanto a questo, gloriosi precedenti: lo stesso Cervantes fu indotto a scrivere il secondo volume del *Don Chisciotte* dalla pubblicazione di un mediocre e apocrifo seguito della sua opera. Benché la mia grossolana manipolazione non abbia avuto successo, James mi ha consolato scrivendo un breve saggio, ampiamente citato nel primo capitolo, sui rapporti tra leadership e letteratura. Più degno di nota è stato il fatto che, mentre questo libro era in corso di preparazione, James abbia scritto la sceneggiatura e sia stato la voce narrante di un film, *Passione e disciplina*, dedicato agli insegnamenti contenuti nel *Don Chisciotte* (spero che insieme a Steve

Schecter, il produttore, riuscirà a fare altrettanto a proposito di *Guerra e pace*).

L'argomento trattato fa del libro non solo un tributo a James March ma anche a mio padre, il primo leader che io abbia mai conosciuto, il quale con fatica e tenacia, e senza trarne vantaggi personali, è riuscito a darmi strumenti psicologici, intellettuali e materiali tali da consentirmi di non dover abbracciare, a ogni costo, una carriera di tipo tradizionale. Esso costituisce anche un omaggio ad alcuni manager che ho avuto la fortuna di conoscere in molti contesti differenti, nonché a tutti coloro che contribuiscono al funzionamento delle organizzazioni svolgendo ruoli del tutto oscuri ma essenziali. Infine, per il suo argomento il libro è un tributo ai poeti, agli inventori, ai sognatori e agli amici che con le loro opere, azioni e con l'umanità del loro essere arricchiscono e abbelliscono la nostra vita.

THIERRY WEIL

Note

[1] J.G. March e T. Weil, *Le leadership dans les organisations*, Paris, École des Mines, 2003.

[2] T. Weil, *Invitation à la lecture de James March*, Paris, École des Mines, 2000.

[3] J.C. March e J.G. March, *Performance sampling in social matches*, in «Administrative Science Quarterly», 23, 1978, pp. 434-453; J.R. Harrison e J.G. March, *Decision making and post-decision surprises*, in «Administrative Science Quarterly», 29, 1984, pp. 26-42; trad. it. *Processo decisionale e sorprese post-decisionali*, in J.G. March, *Decisioni e organizzazioni*, Bologna, Il Mulino, 1993, cap. 8; J.G. March, *Mundane organizations and heroic leaders*, conferenza tenuta in Messico nel 1988 e pubblicata in traduzione francese in «Gérer et comprendre», giugno 2000; Id., *Les mythes du management*, conferenza tenuta all'École de Paris du management, giugno 1998, in «Gérer et comprendre», settembre 1999.

Introduzione

1. *Interrogativi sulla leadership*

Non c'è alcunché di peculiare negli aspetti essenziali della leadership, ovvero nelle difficoltà che afferiscono al divenire, essere, confrontare e valutare i leader: si tratta piuttosto di echi degli aspetti critici della vita in generale. Ecco perché un contributo illuminante in proposito ci viene più dalla grande letteratura che dalla moderna saggistica o dalla ricerca specialistica. Si consideri ad esempio la seguente breve panoramica dei temi centrali sull'argomento.

Vite private e doveri pubblici[1]. I leader hanno una vita privata da cui traggono l'equilibrio emotivo e che li sorregge nella loro umanità, anche se sovente trovano un maggiore e più sistematico appagamento nella dimensione ufficiale dell'esistenza. La leadership può distruggere sia la vita privata che la qualità della dimensione personale. L'importanza della posizione mina l'autenticità dei rapporti personali fino a rendere l'identità inseparabile dal rango, per cui odio e amore diventano ugualmente sospetti. La leadership inoltre attira la curiosità e il pettegolezzo, compromettendo la vita privata del leader: i seguaci proclamano il diritto di esserne a conoscenza adducendone la rilevanza per la valutazione del carattere del leader e al fine di stabilire con lui un rapporto positivo. Infine, la vita privata complica le responsabilità connesse con la leadership: le azioni dei leader risentono di motivi e rapporti personali; i loro giudizi sono condizionati da gelosie e simpatie personali; la fiducia individuale contribuisce all'agire organizzato e nello stesso tempo lo corrompe. Quali possibilità ci sono di conciliare una ricca vita personale con la vita da leader di un'organizzazione, e i sentimenti personali con le responsabilità organizzative?

Intelligenza, innocenza e virtù[2]. Nelle analisi è evidente un atteggiamento ambivalente nei confronti dell'intelligenza e della complessità dei leader. Da un lato questi vengono spesso ritratti quali astuti manipolatori di risorse e persone, ed elogiati per la loro capacità di far uso di abilità e conoscenze non comuni. Non di rado li si descrive come astutamente indiretti e riservati, maestri di finte e di manovre: in tal modo rendiamo onore alla loro capacità di essere più furbi degli altri. Dall'altro l'essere sofisticati dei leader non è da intendersi nel senso comune del termine; il leader sarebbe dotato di un'innocenza elementare che prevale sulle vane circonvoluzioni delle persone intelligenti e lo mette in grado di cogliere, istintivamente, l'essenziale. Questa capacità di semplificare non è legata al livello di istruzione, all'intelligenza o alla correttezza, quanto alla capacità di connettersi, in qualche modo semplice, alle cose fondamentali della vita. In questo spirito, i leader vengono sovente elogiati per la loro ingenuità e franchezza, oltre che per la capacità di utilizzare l'onestà come fondamento per ispirare e concedere fiducia. Che ruolo hanno la brillantezza e l'innocenza, l'intelligenza e l'ignoranza nelle analisi e nelle ricette sulla leadership?

Genio, eresia e follia[3]. I grandi leader sono spesso reputati dei geni, nel senso che vedono, si dice, più lontano e più accuratamente degli altri. Le capacità visionarie permettono loro di assumere rischi che altri non si azzardano ad affrontare; sono in grado di trasformare le organizzazioni applicando immaginazione, creatività, intuito e volontà. Sulla base di una simile raffigurazione, la grandezza dei leader sembra comunque avvicinarsi al concetto di eresia, e quindi porre i leader in contrasto con l'esigenza, propria delle organizzazioni, di un comportamento più sicuro e affidabile. Quest'ultima non è, peraltro, un'esigenza deprecabile: benché l'eresia sia stata talvolta, retrospettivamente, alla base di cambiamenti positivi, le idee nuove più audaci risultano più spesso avventate e degne di un meritato oblio. Esse rischiano più di distruggere un'organizzazione che di condurla a nuove vette. Dunque i grandi leader sono caratteristicamente degli eretici, fautori di una trasformazione dell'ortodossia, ma la maggior parte degli eretici sarebbe un disastro se collocata in posizioni di leadership. Quali sono i rapporti che intercorrono tra genio, follia e leadership? Come possiamo riconoscere i grandi leader nel mazzo dei lunatici? Come possiamo coltivare il genio se non riusciamo a riconoscerlo prima che lo faccia la storia?

Diversità e unità[4]. In ogni cosa, dalla risoluzione dei problemi alle politiche di reclutamento all'ideologia, i leader giungono a compromessi tra diversità e unità, varietà e integrazione, convergenza e divergenza. Le organizzazioni sono accozzaglie di individui e gruppi sovente diversi per atteggiamenti, retroterra, religione, aspirazioni, formazione, identità, etnia, esperienze, legami sociali e stili di vita. La leadership spesso comporta la necessità di ridurre al minimo gli ostacoli della diversità attraverso la selezione di elementi comuni sul piano delle origini, delle esperienze o dei livelli di istruzione, o attraverso il ricorso alla persuasione, alla contrattazione, agli incentivi, alla socializzazione e all'ispirazione per fondere talenti e contesti multiformi in una cultura comune. Una simile visione della leadership come forgiatrice di un'unità di armoniosi intenti e di lealtà contrasta tuttavia con una visione alternativa, che concepisce la leadership come forza stimolatrice e fautrice della diversità in quanto fonte di vigore sociale e innovatrice sul piano organizzativo. In che modo i leader operano la scelta tra la costruzione dell'unità e la costruzione della diversità? Possono conseguire entrambe le cose? In che misura l'unità a un certo livello organizzativo è un requisito indispensabile per la manifestazione della diversità ad altri livelli?

Ambiguità e coerenza[5]. Si ritiene generalmente che la leadership tenda a dare coerenza, a rendere efficace l'azione organizzativa eliminando le contraddizioni e riducendo la confusione. Ai futuri leader si insegna a rimuovere le incoerenze, le ambiguità e le complessità attraverso obiettivi precisi e programmi ben studiati. Il prototipo moderno in campo economico è il concetto di strategia commerciale e lo sviluppo di un «piano aziendale». L'incoerenza e l'ambiguità hanno tuttavia la loro importanza in chiave di cambiamento e adattamento, e il dovere della coerenza potrebbe essere insufficiente a comprendere o a perfezionare la leadership e la vita. In generale, un leader efficace è capace di vivere in due mondi: il mondo incoerente dell'immaginazione, della fantasia e dei sogni e il mondo ordinato dei piani, delle regole, dell'azione pragmatica. Come possiamo coltivare nel contempo ambiguità e coerenza, irragionevolezza e ragione, contraddizione e determinazione? Fino a che punto i talenti in grado di fare tutto ciò possiedono qualcosa dell'immaginazione artistica, letteraria e poetica?

Potere, dominazione e subordinazione[6]. Molte ideologie moderne reputano illegittime le disuguaglianze di potere. Eppure lottiamo per il potere e ne subiamo il fascino. Il potere personale viene equiparato al valore della persona, e l'assenza di potere a una perdita di considerazione e di identità. Scriviamo la storia e descriviamo il progresso in termini di dinamiche di dominazione e subordinazione. Il risultato è che il potere è centrale per la leadership ma nello stesso tempo ne costituisce una complicazione. Cogliamo una tensione tra gerarchia e partecipazione, tra potere e uguaglianza, e tra controllo e autonomia. Si dice spesso che il potere corrompa chi ce l'ha, trasformando in mostri persone altrimenti rispettabili. Si dice anche che escluda o renda difficili le comuni gioie dell'onestà nelle relazioni interpersonali. Nel contempo, il potere è spesso descritto come una forza elusiva, più mito narrativo che realtà. Nella misura in cui i leader detengono il potere, come ne fanno uso? Quali ne sono i limiti e i costi? In che modo una persona con poco potere si muove in un'istituzione imperniata sui rapporti di potere? Quali sono i dilemmi morali che esso solleva?

Genere e sessualità[7]. Genere e sessualità sono fattori ben noti della biologia, della sociologia e dell'ideologia moderne. Essi si ripercuotono su un'ampia gamma di comportamenti, e di interpretazioni di tali comportamenti, nell'ambito delle organizzazioni. In quasi tutte le società la leadership pone anche interrogativi di identità sessuale e di uguaglianza di genere. Storicamente, la maggioranza dei leader è stata di sesso maschile, e la retorica della leadership si è strettamente intrecciata con la retorica della mascolinità. I mutamenti degli stereotipi di genere in relazione con la leadership interagiscono con le modalità con cui a uomini e donne vengono (o meno) attribuiti stili, caratteri, credenze o comportamenti peculiari, e con la nostra interpretazione dei loro rapporti reciproci sia all'esterno che all'interno delle organizzazioni gerarchiche. Inoltre la leadership è strettamente connessa con la sessualità. Essere leader e apparire potenti sono due componenti del fascino e dell'identità sessuale. Le figure dei leader sono endemicamente contornate da dicerie a sfondo sessuale e da accuse di comportamenti sessuali scorretti. In che modo la manifesta connotazione sessuale e di genere della leadership influenza il modo in cui concepiamo i leader, diventiamo leader e agiamo di conseguenza?

Grandi azioni, grandi visioni e grandi speranze[8]. L'ideologia della leadership privilegia la ragione a scapito dell'irragionevolezza, la strategia e la visione a scapito della casualità e dell'improvvisazione, il pensiero a scapito dell'imitazione. L'azione è un fatto intenzionale, motivato da una valutazione delle conseguenze previste. Siamo disposti a pagarne il prezzo perché intravediamo i benefici. All'interno di un'ideologia del genere, i leader devono poter anticipare grandi risultati per giustificare la grande dedizione che viene loro richiesta; devono cioè credere di poter fare la differenza. Chiedendoci se ciò descriva in maniera adeguata il comportamento del leader o ne sia un fondamento morale sufficiente, esamineremo in particolare cosa significa giustificare le grandi azioni attraverso le grandi speranze in un mondo in cui i rapporti di causalità sono opachi e l'efficacia problematica. In un'etica della coerenza, come possiamo continuare a impegnarci di fronte a esiti avversi o ambigui? In che modo una società o un'organizzazione preservano l'illusione dell'efficacia tra i loro leader? Quali sono le conseguenze, e quali alternative esistono?

I piaceri intrinseci[9]. La leadership e i leader sono generalmente giustificati e concepiti in termini strumentali. La leadership è un elemento che contribuisce al coordinamento e al controllo delle organizzazioni con lo scopo di migliorarne i risultati. I leader giudicano se stessi, vengono valutati e (in qualche misura) retribuiti sulla base del contributo reso a tali risultati. Sovente sono però rimarcati i piaceri connessi con l'esercizio della leadership: gli onori della posizione, la gioia della dedizione, l'eccitazione dell'autorità, l'esaltazione del conflitto e del pericolo. Questi piaceri sono, in gran parte, indipendenti dai loro esiti. Di conseguenza, per comprendere la leadership spesso occorre valutare in che modo i piaceri intrinseci si inseriscono o dovrebbero inserirsi nella nostra valutazione. Quali sono i principali piaceri della funzione di leader? In che modo essi contribuiscono a selezionare i leader e determinano i comportamenti di questi ultimi? In che modo influenzano il modo in cui concepiamo la leadership?

I testi appropriati per discutere di questi temi fondamentali della leadership sono tratti da Shakespeare, Molière, Ibsen, Tolstoj, Cervantes, Mann, Goethe, Ahmatova, Schiller, Stendhal, Kawabata, Shaw, James, Dostoevskij, Balzac e altri di uguale statura. La grande letteratura affronta tali questioni in modo più profondo e duraturo rispetto ad altri testi, e ciò grazie a una più matura comprensione del fatto che si tratta di dilemmi ingovernabili anziché meri problemi da risolvere. Essi hanno a che vedere con quelle che il grande fisico danese Niels Bohr chiamava le «verità profonde», riconoscibili per il fatto che i loro opposti sono verità altrettanto profonde. L'irrisolvibile lotta con queste verità suscita duraturi conflitti interiori e interpersonali, che possono essere compresi solo facendo esperienza del dolore sociale, personale e intellettuale che essi infliggono.

Dobbiamo tuttavia tenere ben presente che la rilevanza della letteratura per la comprensione della problematica della leadership non deve essere considerata la sua giustificazione primaria. Leggere i grandi libri è un fine in sé e un piacere. Rileggerli in una luce particolare permette di sfuggire alle analisi tradizionali che si concentrano su altri aspetti delle opere letterarie, giacché una delle caratteristiche della grande letteratura è il rendere possibile una miriade di interpretazioni senza poter mai essere ridotta a una qualsiasi di esse.

Michael Zinc, professore di letteratura medievale al Collège de France[10], così osservava nell'estate del 2002 rivolgendosi a un'associazione di genitori di studenti:

> tralasciando le prospettive di carriera, la cultura letteraria rende così piacevole la vita! Acuisce la nostra facoltà di goderne, questa capacità di leggere e trarre piacere da un libro, foss'anche un libro un po' difficile in cui si riverberano gli interrogativi più seri, sui quali meditiamo senza trovare una risposta, e che continuano a vorticare nella nostra testa, visto che non riusciamo a fare progressi da soli; così, durante la lettura di un libro – un libro che in genere non pretende in alcun modo di rispondere direttamente a quegli interrogativi, un libro che può essere un romanzo come un'opera in versi – esclamiamo «Mio Dio! È proprio così!». Il libro si arricchisce di tutto quello che gli portiamo e noi a nostra volta ci arricchiamo di tutto quello che il libro ci dona.

2. *Saper apprezzare la leadership*

L'obiettivo è una comprensione della leadership che non sia una sua glorificazione bensì una presa di coscienza basata sulla sensibilità e sull'intelletto. Il saper apprezzare la leadership, proprio come l'intendersi di musica, arte o letteratura, si fonda sulla conoscenza e si inserisce in un punto di vista. È un modo di affrontare l'esperienza, di creare, elaborare e abbracciare un'estetica dell'esperienza. Essa attinge dagli stessi istinti e talenti umani che entrano in gioco di fronte ai concetti della scienza, alle intuizioni della poesia, alle verità dell'arte e della musica, ai principi di qualsiasi tipo di conoscenza specialistica.

L'apprezzamento comporta tensioni creative nella comprensione, tensioni tra l'osservazione della vita e le metafore della vita. Nella scienza la tensione è tra osservazioni e teorie; nell'arte tra rappresentazione e interpretazione; nella scoperta del Sé, tra esperienza e consapevolezza. I grandi geni di tali tensioni sono filosofi del calibro di Kierkegaard e Unamuno, poeti come Wordsworth e Goethe, scrittori come Dostoevskij e Ibsen, scienziati sociali come Darwin, Marx e Freud. È un'antica tradizione, e in quanto tale presta facilmente il fianco anche all'ostentazione e alla vacuità.

Al centro del nostro interesse è comprendere la leadership: interesse, del resto, assai comune. Quando parliamo di leadership ricorriamo solitamente ad argomentazioni di tipo valutativo: giudichiamo i singoli leader, valutandone la reputazione di successo o di buon operato. Le reputazioni, tipicamente, non sono scontate. C'è spesso ambiguità sia sui risultati che sulla loro valenza; non è sempre chiaro, poi, chi ne sia il responsabile. Le reputazioni sono perciò costrutti sociali frutto di negoziati tra osservatori, contabili, giornalisti, accademici, leader, concorrenti, amici e nemici. Le reputazioni si diffondono in una popolazione di osservatori e sovente cambiano nel tempo.

La leadership inoltre è sia un concetto che una realtà. Così come Russell ci incitava a non giudicare l'artista ma l'arte, potremmo affermare che è necessario apprezzare la leadership e non il singolo leader. Cosa c'è di bello, oppure di brutto, nell'esistenza, nella pratica e nelle conseguenze della leadership? Interpretando il ruolo della leadership nella vita, spesso ne distinguiamo due dimensioni essenziali. Da una parte, la leadership ha un ruolo strumentale, che è implicito nella più comune delle tecnologie delle organizzazioni, la gerarchia. Dall'altra, la leadership ha un ruolo simbolico: è un elemento importante nelle nostre interpretazioni della storia e dell'esperienza, ricollegandosi ad antiche storie mitiche da cui prendono forma le concezioni moderne.

L'interesse per la leadership è diffuso nei media moderni. La storia è concepita come il risultato delle intenzioni e delle azioni dei leader. Le biografie dei leader sono presenti in maniera costante nelle classifiche dei libri più venduti. In tali scritti vengono sviluppate nozioni sul ruolo dei leader nella società, sulle loro caratteristiche, sul rapporto tra l'essere un leader e l'essere una brava persona. Essi creano un linguaggio della leadership in cui prevalgono i concetti di visione, potere e virtù.

Nel processo di valutazione della leadership, così come del resto della musica o dell'arte, per raggiungere grandi intuizioni occorre combinare a conoscenze ordinarie una prospettiva originale. Occorre essere consapevoli del paradosso, prendere atto di sentimenti e analisi simultaneamente presenti (e non necessariamente coerenti), impegnarsi nel gioco dell'intelletto. Soprattutto, è necessaria un'accettazione della leadership e dei leader; il che non significa un'approvazione obbligata, ma l'adozione di una prospettiva fondamentalmente positiva e non avversa. Così come la grande critica d'arte presuppone che si colgano nell'arte elementi di valore differenti da quelli percepiti da altri, la valutazione della leadership richiede un'interpretazione che nobiliti, anziché sminuire, il proprio oggetto di studio. È un'ambizione realmente smisurata, ma è comunque l'obiettivo che dobbiamo porci.

Apprezzare la leadership dipende, in primo luogo, da *un'idea del fattore umano*, vale a dire da *una concezione del ruolo degli esseri umani, come individui, nel corso delle cose.* La leadership è una componente dell'ambizione dell'uomo a controllare la propria storia, e qualsiasi interpretazione della leadership discende da postulati fondamentali sulla centralità degli esseri umani, o sulla mancanza di tale centralità, nell'ordine delle cose. Essa discende anche da una concezione del nesso tra successo personale e bontà della vita. Qual è l'importanza del successo in rapporto alla dignità autonoma dell'individuo? In che misura bene e male sono conoscibili? Qual è il significato dell'inevitabilità del possesso effimero e della morte? L'interpretazione della leadership discende altresì da un atteggiamento nei confronti dell'innocenza. Fino a che punto è possibile la vittoria dell'uomo? Quale capacità ha l'uomo di conoscere la virtù? Quanto è probabile che la virtù venga ricompensata nella vita terrena? Indirizzare una discussione sulla leadership verso problematiche del genere significa impelagarsi in questioni straordinariamente difficili che però non c'è modo di eludere.

In secondo luogo, apprezzare la leadership dipende da *un'idea dell'organizzazione sociale*, vale a dire da *una con-*

cezione di ciò che giustifica la governance e la differenziazione. Qui risuonano echi di Platone, Aristotele, Tommaso d'Aquino, Rousseau, Locke e Madison. Alla base di tutto sono i concetti di giustizia e di rappresentanza. Per molti, la giustificazione di una qualsiasi organizzazione sociale dipende da tre differenti interrogativi.

Il primo è di ordine *tecnico*: il sistema individua e realizza scambi di risorse reciprocamente convenienti? Il sistema è efficiente? La grande pretesa dei sistemi più o meno di mercato (dimostrata in maniera più convincente a livello di teoremi che nelle osservazioni concrete, ma in qualche misura anche in queste) è di individuare distribuzioni di risorse preferibili secondo il criterio paretiano.

Il secondo interrogativo è di ordine *politico*: potere e risorse sono distribuiti in modo giusto? Le giustificazioni classiche della disuguaglianza nella distribuzione del potere e delle risorse risiede nel differente impatto dell'esercizio dell'autorità su ciascun individuo e nel differente contributo individuale al benessere sociale. Quanto più si è coinvolti e quanto più si contribuisce, tanto più è legittimo detenere potere e risorse. Pur ammettendo tali giustificazioni, nei sistemi organizzati sussistono difficoltà persistenti derivanti dalle disparità tra i confini (spazio-temporali) dei sistemi stessi e la distribuzione dei loro effetti.

Il terzo interrogativo è, infine, di ordine *morale*: in che modo la governance e la differenziazione in termini di potere e di risorse sono virtuosi e promuovono la bontà dell'esistenza? Fino a che punto essi producono o favoriscono esseri umani positivi e un'esistenza umanamente piacevole?

È appropriato basare l'organizzazione su concetti di scambio bilaterale in cui si presuppone che gli individui, in possesso di preferenze preesistenti e risorse determinate dall'esterno, siano in grado di concludere scambi con reciproca soddisfazione attraverso trattative, commerci e mercati? Oppure è appropriato che l'organizzazione si basi su una struttura di regole e istituzioni, ciascuna dotata di una propria concezione degli obblighi delle identità personali e sociali? O, infine, è appropriato basare l'organizzazione su una concezione della comunità dominata dalla ricerca di un destino comune e di istituzioni che modellino le preferenze, i sentimenti e la saggezza comune? Da concezioni diverse discendono differenti metafore della leadership: metafore militari, di mercato (o di mediazione), amministrative, politiche, consensuali, genitoriali o educative, fiduciarie.

In terzo luogo, l'apprezzamento della leadership richiede *un'idea dell'agire sociale, ovvero una concezione dei fondamenti dell'azione, in particolare in ambito organizzativo.* In gran parte, nell'ambito delle teorie della scelta le ideologie contemporanee riconoscono all'azione gli attributi della strumentalità, della coerenza e della giustificazione soggettiva. L'azione è strumentale nel senso che viene intrapresa in maniera intenzionale e si fonda sull'aspettativa di conseguenze future rilevanti per gli obiettivi dell'attore. Gli attori sono intenzionalmente razionali, e l'azione è coerente nel senso che scopi e alternative sono ben definiti e che la regola che sovrintende alla decisione è chiara. Infine, la giustificazione dell'azione è soggettiva nel senso che si presume che il valore che un individuo attribuisce a uno specifico esito non può essere paragonato significativamente al valore che un altro individuo vi attribuisce. Non è possibile una comparazione delle utilità tra persone diverse; i valori, di conseguenza, sono incontrovertibili.

Molti dei temi centrali nelle discussioni della leadership si richiamano a queste concezioni. La leadership è descritta come qualcosa che richiede grandi azioni, e dunque comporta grandi aspettative. I leader sono elogiati se operano scelte strumentali intelligenti, e criticati nel caso opposto. Si tratta tuttavia di una concezione dell'azione non scevra da critiche: gli specialisti del comportamento delle organizzazioni fanno notare che gli obiettivi delle organizzazioni sono spesso ambigui, incoerenti e mutevoli. I precedenti storici sono di ardua interpretazione e spesso fuorvianti o oscuri. Il potere di un leader è ambivalente, e lo stesso si dica del suo successo o fallimento. Gli studiosi dell'azione notano che la razionalità calcolata e strumentale non è il fondamento esclusivo dell'agire umano. Spesso si è osservato come il comportamento umano derivi meno da calcoli sulle conseguenze che dalla realizzazione di un'identità, e da una logica dell'appropriatezza anziché da una logica delle conseguenze. Si è inoltre argomentato che tali diverse premesse conducono ad azioni più profondamente umane e persino più efficaci.

Da ultimo, apprezzare la leadership dipende da *un'idea del Sé: un concetto di sé e di una giusta risposta individuale alla natura delle cose*. Cosa pensiamo di noi stessi? Tendiamo forse a ottimizzare con finalità egoistiche? Siamo identità alla ricerca dell'occasione di realizzare le aspettative del nostro ruolo? Siamo forse dei cittadini in cerca di una comunità? Come ci comportiamo di fronte alle circostanze fondamentali della vita ordinaria? Come reagiamo di fronte alle asimmetrie della vita, agli alti e bassi del successo, delle ricompense e del potere? Alle ambiguità della vita, alla mancanza di chiarezza del mondo, della storia e dei desideri? Alle contraddizioni e ai dilemmi? Come affrontiamo le assurdità della vita, la realtà della mortalità e la transitorietà delle specie? Come conciliamo la vita privata con le richieste che ci pervengono dall'ambiente circostante?

Sono tutti temi che richiamano i grandi conflitti della vita: una predilezione per l'uguaglianza e la modestia da una parte, una brama di potere e autoaffermazione dall'altra; una consacrazione alla razionalità, alla strumentalità e all'interesse personale contro una concezione dei doveri, degli obblighi e della ricerca della giustizia; il desiderio di chiarezza, integrazione, coerenza e unità contro la propensione all'ambiguità, all'incoerenza e al conflitto; la rivendicazione di un significato umano contro la consapevolezza dell'assurdità e della mortalità dell'uomo.

I presenti appunti si inseriscono nella tradizione dell'umano sforzo di affrontare questioni del genere. Benché la tradizione sia onorevole, è consigliabile procedere con trepidazione. L'incompletezza è il destino inevitabile di ogni discussione su temi che sono la vita stessa e attorno ai quali la vita viene vissuta, ma che rimangono al di là di ogni possibile comprensione o soluzione. Fin dai primissimi tentativi dell'umanità di definire un canone comune al riguardo, essi hanno dato alimento alle ruminazioni di filosofi, romanzieri, biografi e poeti, tutti ineluttabilmente consapevoli dell'inadeguatezza delle loro forze di fronte all'impresa.

Note

[1] Come vedremo nel capitolo I, questo tema è esplorato ad esempio nell'*Otello* di Shakespeare e, nella letteratura francese, nella *Berenice* di Racine e nell'*Orazio* e nel *Cid* di Corneille.

[2] Si vedano ad esempio *Otello* e *Re Lear* di Shakespeare, *Il principe* di Machiavelli, *Le mani sporche* di Sartre e *I giusti* di Camus.

[3] *Santa Giovanna* di George Bernard Shaw, *Mitridate* di Racine e *Doktor Faustus* di Thomas Mann.

[4] *Il brutto anatroccolo* di Andersen e *Il principe di Homburg* di Kleist.

[5] *Guerra e pace* di Tolstoj e *La certosa di Parma* di Stendhal.

[6] *Buio a mezzogiorno* di Koestler, *Il diavolo e il buon Dio* di Sartre, *La saga di Olaf Trygvason* di Snorre Sturleson e *Dilbert* di Scott Adams.

[7] *Le relazioni pericolose* di Choderlos de Laclos.

[8] *Don Chisciotte* di Miguel de Cervantes e *L'idiota* di Fëdor Dostoevskij.

[9] *Gargantua e Pantagruel* di François Rabelais e *Afrodita* di Isabel Allende.

[10] Il Collège de France, fondato nel 1530 da Francesco I, è un istituto in cui per i titolari delle cattedre vige l'unico obbligo di tenere annualmente un corso pubblico originale.

I.

Dovere, vendetta e innocenza: «Otello»

1. *Vita privata e doveri pubblici*

Dalle primissime divisioni del lavoro fino alla burocrazia weberiana, la nostra società ha progressivamente disgiunto il ruolo pubblico dalla sfera privata. Possiamo parlare al riguardo sia di alienazione degli individui, solo parzialmente realizzati in uno qualsiasi dei due ruoli, che, al contrario, di emancipazione delle persone, messe in condizione di esistere indipendentemente dalla loro funzione nel gruppo e di trascenderla. Gli individui non sono ridotti a quello che devono «dare a Cesare» né alienati dalla logica della produzione capitalistica[1]. Sono responsabili delle loro azioni nella sfera pubblica e liberi di coltivare i propri gusti in quella privata. Essi saranno giudicati sulla base di criteri equi e oggettivi in una società meritocratica anziché sulla base del rango alla nascita o della rete di conoscenze.

Il lavoro in effetti costituisce sovente una componente importante della nostra identità sociale[2]. Nel mondo occidentale contemporaneo i rapporti basati sui contratti (le relazioni economiche) hanno un'importanza accresciuta rispetto ai rapporti basati sul senso di appartenenza (famiglia, gruppo, nazione). Il «mercato» ha invaso la sfera privata: le nostre preferenze sono manipolate dalla pubblicità e i benefici delle istituzioni e degli attori politici sono considerati beni di consumo anziché aspetti della cittadinanza. Alcuni dei compiti che un tempo erano di responsabilità dei genitori sono oggi più facilmente delegati o assegnati all'esterno. La separazione weberiana tra sfera pubblica e privata, invenzione di un mondo professionale maschile, viene messa in discussione dall'influenza crescente delle donne, più riluttanti (o meno pronte) a lasciare a casa le responsabilità familiari.

Ci sono altri tipi di interazione tra la sfera privata e la vita pubblica. La vita privata è una fonte vitale di arricchimento e di rigenerazione personale per chi ricopre un ruolo pubblico. Essa può anche contribuire a costruire una reputazione o costituire una fonte di corruzione nel momento in cui le amicizie o l'appartenenza a una data comunità influenzano il processo decisionale[3]. Inversamente, la vita pubblica influenza quella privata: un ruolo pubblico importante è fonte di benessere materiale, prestigio e fiducia, e nel contempo una minaccia alla vita privata e all'autenticità dei rapporti umani.

Inoltre la vita pubblica impegna a livello emotivo. La sfera professionale è fonte di autorealizzazione, di gratificazione psicologica, di obblighi (i doveri connessi con la funzione, gli obblighi morali verso gli elettori o i loro rappresentanti), di intimità (in confronto con le intrusioni della vita familiare), di rapporti umani profondi e affettuosi.

Infine, sia nella sfera privata che in quella pubblica, i ruoli sono molteplici, complessi e compositi. L'individuo può essere dilaniato da identità diverse, potenzialmente conflittuali (sia pubbliche che private, in particolare quelle relative alla famiglia, al gruppo etnico, alla fede religiosa e alla comunità).

I leader distribuiscono il tempo sulla base delle esigenze poste dai propri obiettivi, delle aspettative di coloro con i quali entrano in contatto (per abitudine e per affinità), di quanto appreso con l'esperienza e talvolta anche di valutazioni di tipo razionale. Tutte queste ragioni li inducono a lavorare duramente, soprattutto nel momento in cui prendono sul serio le sfide del ruolo che svolgono. Di conseguenza, la dimensione privata della loro vita tende a intrecciarsi con quella pubblica, e il loro senso di identità spesso dipende dal successo e dalle sorti delle prestazioni pubbliche.

Il pubblico pretende (in particolare negli Stati Uniti) di conoscere la vita privata dei leader per verificare che possiedano le caratteristiche morali necessarie a ispirare fiducia (si pensi al caso di Bill Clinton e Monica Lewinsky). Taluni scavano nella vita privata di un leader per stabilire con lui un miglior rapporto personale. Quale venditore non desidera conoscere i passatempi del suo cliente, e quale dipendente non trae vantaggio dal coltivare i gusti e i capricci del capo? L'intimità ha un valore, però, solo se rimane confinata in una piccola cerchia privilegiata. Infine, la pressione che la società impone su un leader affinché metta a nudo la propria vita privata è una mescolanza di pulsioni conformistiche (gli elettori preferiscono un leader prevedibile e di conseguenza scartano i devianti), del desiderio che un leader sia d'esempio per la gente, e dell'ipocrisia dei peccatori felici di sapere che un leader non è più virtuoso di loro.

Considerate queste pressioni contraddittorie, possiamo immaginare diversi sistemi di equilibrio:

- i *leader eunuchi*, che rinunciano al diritto a una vita privata normale, come nel caso dei monarchi moderni intrappolati da un'etichetta soffocante o dei dirigenti intossicati di lavoro che mettono da parte ogni tipo di piacere personale per dedicare tutte le proprie energie agli affari[4]. Ma si tratta di veri e propri «eunuchi», o al contrario di individui che tentano di camuffare ambizioni occulte e private? È questo il genere di persone cui vogliamo consentire l'esercizio del potere?
- i *leader predatori*, che si pongono l'obiettivo di soddisfare ambizioni private (un carrierista spinto dal desiderio di farsi largo, un boss mafioso). Possiedono tuttavia, costoro, il necessario supporto e un senso di obbligo? Sono dei buoni leader? È possibile confidare in una «mano invisibile» che guidi e controlli la competizione tra individui avidi per produrre un risultato socialmente soddisfacente?
- la *schizofrenia weberiana tra ruolo pubblico e vita privata*. Ma una dimensione non influisce sull'altra? E gli individui che meglio si adattano a tale dicotomia sono anche i migliori leader?

Nel complesso, Otello appartiene alla prima categoria, convinto com'è che il dovere pubblico abbia la precedenza sul piacere privato e che l'amicizia non possa corrompere la sua condotta da leader:

> Cassio, io ti voglio bene,
> ma non sarai più il mio luogotenente. [atto II, sc. 3][5]

e

> ... se i trastulli dell'alato Cupido
> ottenebrassero col velo della lussuria
> le mie azioni e percezioni, compromettendo
> e intaccando il mio senso del dovere,
> che le massaie usino come pentola il mio elmo
> ed i più indegni e vili oltraggi
> distruggano la mia reputazione! [atto I, sc. 3]

Per Otello, un leader degno della funzione che svolge deve avere una reputazione personale immacolata. Riconosce che, nel caso fosse stato colpevole di aver sedotto Desdemona con mezzi sleali, come Brabanzio lo accusa di aver fatto, egli sarebbe stato indegno della sua posizione di leader. I suoi doveri di rispettabilità si estendono a tutti quelli che gli sono intorno e una trasgressione da parte di Desdemona squalificherebbe anche lui. Nel contempo, Otello ritiene normale che i meriti pubblici gli guadagnino ricompense private, come ad esempio il diritto di sposarsi al di sopra della posizione sociale di partenza o al di fuori del gruppo razziale di appartenenza.

2. *Vendetta e ordine sociale?*

Otello incarna un concetto aristocratico per cui detenere il potere obbliga a condurre una vita privata esemplare ma in cui i meriti pubblici giustificano le gratificazioni private tra cui la nobilitazione e l'innalzamento sociale.

Questa concezione aristocratica può essere contrapposta a una concezione di un ordine sociale basato sulla competizione di opportunisti che mirano soprattutto al soddisfacimento di ambizioni e desideri personali anziché a contribuire al bene comune (i leader predatori contrapposti agli eunuchi). In questo schema l'equilibrio del terrore, basato sulle minacce di vendetta di coloro che si considerano ingiustamente trattati, instaura un certo grado di equità.

Iago è il portavoce di una simile concezione. Al di là degli aspetti più sinistri del suo carattere, Iago accampa una giustificazione morale. Il suo desiderio di vendetta è presentato inizialmente come un'esigenza di equità, dato che Iago sospetta che Otello abbia sedotto la moglie Emilia:

> perché sospetto che il Moro vigoroso
> sia saltato sulla mia sella, e il pensiero
> mi rode dentro come un tarlo velenoso;
> riuscirò a mettermi l'animo in pace
> solo se gli avrò reso la pariglia,
> moglie per moglie; e se fallisco in questo,
> almeno suscitando nel cuore del Moro
> una gelosia così forte e inguaribile
> con la ragione. [atto II, sc. 1]

In un sistema guidato da considerazioni di questo tipo, la vendetta ristabilisce l'equilibrio nei rapporti di scambio tra gli individui, proteggendo di conseguenza l'ordine sociale. Se un torto non viene riparato (perché la vittima e il colpevole non riescono ad accordarsi su un'equa compensazione oppure perché non esiste compensazione per il danno arrecato), la vittima può pretendere il diritto di infliggere un danno corrispondente al colpevole. Questa possibilità di vendetta, nei limiti in cui è credibile, dissuade gli offensori e pertanto serve la causa della giustizia. La vendetta è una motivazione troppo raramente oggetto di discussione, ma è essenziale per comprendere taluni aspetti della vita all'interno delle organizzazioni[6].

Tuttavia la vendetta è una base troppo instabile su cui costruire un ordine durevole. Gli individui percepiscono in maniera soggettiva una buona azione o un'offesa e possono dunque avere difficoltà nell'accordarsi su un canone di giustizia; inoltre le motivazioni che entrano in gioco possono essere estremamente irrazionali. L'ambizione è insaziabile, per cui le aspirazioni si modificano sulla base di quello che è già stato ottenuto; pertanto ogni «equilibrio» del terrore implica il rischio di un'escalation. Per mantenere un equilibrio stabile occorre tollerare situazioni «moderatamente» inique (come ad esempio essere pronti a investire i tre quarti del capitale e a riscuotere solo un quarto dei profitti) e nessun individuo dovrebbe esagerare la minaccia rappresentata da altri membri dell'organizzazione.

Al cospetto di una realtà ambigua, l'economia della vendetta si fonda su una scelta tra due rischi di errore: credere innocente una persona colpevole (falso negativo) o credere colpevole una persona innocente (falso positivo). In questo spirito Otello ammette che sarebbe del tutto vantaggioso per lui convincersi dell'innocenza di Desdemona, anche nel caso in cui la donna fosse colpevole:

> Che senso avevo io delle sue ore
> furtive di lussuria? Non vedevo,
> non pensavo, non m'affliggevo.
> La notte dopo dormivo tranquillo,
> ero allegro e spensierato, non trovavo
> i baci di Cassio sulle sue labbra.
> Chi è derubato e non s'accorge del furto
> senza saperlo è come se non fosse derubato. [atto III, sc. 3]

L'individuo paranoico (o geloso) tuttavia preferisce condannare un innocente anziché lasciare che un colpevole possa andarsene impunito:

> *Iago*: Non so se è vero...
> Eppure il semplice sospetto a me basta
> quanto la certezza. [atto I, sc. 3]
>
> *Desdemona*: Ma non gliene ho mai dato alcun motivo!
> *Emilia*: È una risposta che al geloso non basta.
> Non sono mai gelosi per un motivo,
> ma gelosi perché sono gelosi. È un mostro
> concepito e generato da se stesso. [atto III, sc. 4]

Nonostante tenda pericolosamente a deflagrare, la vendetta può essere talvolta uno strumento legittimo di regolamentazione delle organizzazioni? Come giudicheremmo

Otello se sapessimo che Desdemona è realmente colpevole di tradimento? E come spettatori che condannano l'insensatezza di Otello non siamo forse frustrati dall'impunità di Iago?

Legittima o no, la vendetta ha un posto essenziale nella vita dei leader in quanto costoro: *a*) sono esposti ai desideri di rivalsa dei sottoposti; *b*) sono spesso manipolati e strumentalizzati per saldare conti altrui; *c*) possono utilizzare le organizzazioni per portare a termine la propria vendetta; e *d*) svolgono anche la funzione di controllare gli istinti vendicativi altrui.

3. *Abilità, innocenza e virtù*

3.1. *Teorie dell'azione*

L'esempio del desiderio di vendicare un affronto reale o immaginario ci mostra la complessità delle motivazioni delle azioni umane e il loro impatto ambiguo sia sugli obiettivi apparentemente perseguiti da un individuo che sulle regole dell'organizzazione. Soffermiamoci per un momento su questo punto prima di considerare un altro aspetto del dramma di Shakespeare, la destabilizzazione del rapporto tra il credulo Otello e la virtuosa Desdemona mediante gli artifici del perfido Iago.

La nostra percezione delle azioni degli individui o delle organizzazioni è sovente influenzata da vari miti e interpretazioni del mondo che determinano quello che riteniamo vero, bello e giusto. Più nello specifico, l'osservazione delle azioni umane pone due questioni fondamentali.

1. Quali sono i fondamenti e le motivazioni dell'azione? Perché le persone vogliono quello che vogliono e in che modo lo giustificano? Possiamo invocare a tal fine una logica consequenzialista (il raggiungimento di obiettivi individuali o collettivi), una logica di affinità (i soggetti agiscono secondo le loro identità individuali o le costruiscono attraverso le loro azioni), o infine una logica della fede e dell'arbitrio, che si differenzia dal punto di vista economico

dei razionalisti e da quello sociopsicologico della logica dell'affinità e dell'identità: come scrisse Kierkegaard, una religione che cerca di giustificarsi in maniera strumentale cessa di essere una religione.

2. Qual è il carattere fondamentale del gioco? Si gioca contro una natura esogena? Possiamo presumere che l'attore conosca e analizzi perfettamente la situazione e che i risultati delle sue azioni siano prevedibili? Oppure è un gioco che si gioca contro altri attori strategici? Quali sono le regole sulle falsificazioni ammissibili e sulle violazioni degli accordi?

Le risposte a queste domande ci portano a distinguere quattro branche principali di teorie dell'azione (cfr. tab. 1.1):

TAB. 1.1. *Le quattro principali branche della teoria dell'azione*

Fondamento dell'azione	Avversario	
	Natura	Altri giocatori
Razionalità	Teoria della decisione	Teoria dei giochi
Identità (e regole)	Teorie istituzionali	Teorie ecologiche

1. *Teoria della decisione*: il giocatore è razionale e il suo avversario è la natura (che, come minimo, è nota sotto forma di distribuzione delle probabilità); le decisioni prese sono messe in pratica.

2. *Teoria dei giochi*: il giocatore è razionale e ha come avversari altri giocatori, razionali o non razionali, in un contesto di convenzioni legali o sociali.

3. *Teorie «istituzionali» dell'azione*: i giocatori si oppongono alla natura in conformità alle loro identità, seguendo regole fissate in un sistema di norme generalmente accettate.

4. *Teorie «ecologiche» dell'azione*: i giocatori agiscono secondo le loro identità e obbediscono a certe regole del gioco, opponendosi a giocatori che seguono le stesse regole

anche se queste ultime possono evolvere nel tempo (coevoluzione di giocatori e regole).

In una visione ecologica, possiamo distinguere due tipi di giocatori: quelli *abili*, che agiscono solo per il proprio interesse, nel presupposto che anche gli altri giocatori facciano lo stesso, e sono opportunisti, fiduciosi nei propri mezzi e utilizzatori di strategie complesse; e quelli *innocenti*, che agiscono secondo obblighi o affinità (spesso interiorizzati sotto forma di virtù istintive), si fidano delle persone che hanno intorno a sé e prediligono strategie trasparenti.

Il mito fondamentale è quello degli individui che, inizialmente innocenti (Adamo ed Eva nel giardino dell'Eden), sono stati corrotti dall'incontro con abili opportunisti (il serpente, un venditore di auto usate, un intellettuale, un professore) che li hanno spogliati della loro innocenza (insegnando loro a distinguere il bene dal male o mandandoli a una scuola di economia a imparare a calcolare il valore attuale scontato). Quando la storia è morale, Dio interviene a dannare sia il corruttore che i corrotti; il professore è condannato a rimanere tale, a leggere ogni giorno il «Wall Street Journal» e il «New York Times» e a elaborare sottili e oscuri costrutti intellettuali, molto lontani dalla realtà, mentre l'innocente caduto è costretto a lavorare e a rincorrere incessantemente le opportunità di promozione fino al giorno in cui viene licenziato dall'organizzazione.

Ci aspettiamo che un buon leader sia abile oppure innocente? La prima alternativa comporta una visione del mondo in cui ciascun giocatore persegue il proprio interesse individuale; è virtuosa un'azione efficace, i fini giustificano i mezzi, e Dio ricompensa i più forti permettendo loro di sopravvivere – a meno che, naturalmente, non elargisca il dono dell'abilità proprio a coloro che egli ama. In questo schema, ammiriamo il politico astuto che raggiunge i propri obiettivi a spese degli sciocchi creduloni, ammiriamo l'esperto negoziatore e il manipolatore. Esalteremmo Otello per essere ricorso a un'abile manovra di occultamento alla flotta turca delle proprie intenzioni e del dispiegamento delle proprie navi, con l'obiettivo di sferrare un attacco di sorpresa e garantirsi la vittoria. Un mondo in cui tutti cercano di competere in abilità non costituisce, tuttavia, una prospettiva molto allettante: il prezzo da pagare è salato sia per i perdenti che per la società nel suo complesso (si pensi ad esempio al costo di doversi difendere da un opportunismo senza fede e senza legge e dalle sfide altrui). In questo caso la prospettiva a lungo termine viene spesso sacrificata agli obiettivi immediati, ciò che è distante viene scartato a vantaggio di ciò che è a portata di mano, come in quei paesi che hanno una politica estera eccessivamente «abile» o corporazioni che ingannano i loro soci e i clienti.

Essere innocenti comporta una concezione del mondo in cui gli uomini sono naturalmente buoni, la virtù si fonda su una chiara conoscenza del bene e del male o, come minimo, su azioni semplici («coltiviamo il nostro giardino»), Dio ricompensa la virtù e la storia è contrassegnata dal progresso dell'umanità. L'innocenza può essere il risultato di un atteggiamento ingenuo al cospetto delle vicissitudini del mondo o di una decisione volontaria di promuovere un mondo migliore ignorando il male e optando arbitrariamente per la fiducia e per l'amore. Ammiriamo dunque il leader «boy-scout» che mette in moto le cose attraverso dichiarazioni di principio e la sapienza istintiva dell'uomo del popolo. Tolleriamo l'abilità solo quando è coronata dal successo, mentre del fallimento dell'innocenza viene incolpata la perversità del mondo. Non basta però pretendere l'innocenza da un leader. Condanniamo il comandante delle milizie colpevoli di atrocità, perché moralmente degno di biasimo se al corrente dei crimini o perché indegno del comando se all'oscuro dei fatti (che invece avrebbe dovuto conoscere). La strada per l'inferno è spesso lastricata di buone intenzioni e le azioni virtuose non sempre riscuotono ricompense in questo mondo. Don Chisciotte e Pierre Bezuchov in *Guerra e pace* sono solo due degli esempi possibili. Inoltre è difficile, a livello emotivo, rimettersi al giudizio benevolo degli altri (o della storia) sulla base di premesse che si riconoscono false e che pertanto appaiono ingenue all'interno del proprio gruppo.

Cosa accade in un mondo popolato da una mescolanza di persone abili e innocenti? In una prospettiva moral-evoluzionistica standard, in un primo momento gli abili dominano ed escludono gli innocenti da tutte le posizioni di potere. Ma le distinzioni tra i potenti molto rapidamente si attenuano, dato che solo gli abili sono sopravvissuti e l'abilità non rappresenta più un vantaggio decisivo in una situazione competitiva. I pochi devianti ancora degni di fiducia diventano rari e ricercati alleati e si ritrovano inseriti in coalizioni vittoriose. Ciò non è foriero di un equilibrio stabile, in quanto nel momento in cui si afferma nuovamente un clima di fiducia sociale ritorna vantaggioso un comportamento di tipo opportunistico. L'opportunismo spesso reca vantaggi immediati, nel breve periodo o in un'area circoscritta, mentre l'innocenza è benefica a lungo termine e nei confronti di una comunità più ampia, ammesso che gli innocenti sopravvivano abbastanza a lungo.

I leader dunque devono riconciliare innocenza e abilità. Il breve periodo li induce a essere abili, ma il loro interesse di lungo termine è costruire buone reputazioni rifuggendo l'abilità. Costruirsi una reputazione di persona degna di fede può essere però difficile, e il fatto che il comportamento sia innocente non è sempre sufficiente a renderlo credibile. Si pensi al Brabanzio che si rivolge a Otello indicando la figlia Desdemona:

> Tienila d'occhio, Moro, o vedrai com'è:
> tradito il padre, può tradire anche te. [atto I, sc. 3]

3.2. *I personaggi dell'«Otello»*

Il gioco tra pubblico e privato e le tensioni tra abilità e innocenza sono esemplificati dai personaggi principali del dramma.

Otello – uomo che subordina la vita privata ai doveri pubblici e la cui reputazione (che dipende dalla sua gloria militare ma anche dal comportamento della moglie) determina la visione che egli ha di se stesso – se la deve vedere con l'abilità egoista di Iago e col generoso pragmatismo di Emilia, oltre che con l'innocenza e l'amore incondizionato di Desdemona. In un simile confronto Otello è ragionevolmente vulnerabile a una gelosia paranoica. Forte del suo prestigio, ha sedotto e ottenuto in moglie la figlia di un senatore. Benché Venezia abbia abbastanza bisogno dei suoi talenti di generale da consentire l'unione, Otello sa che questo sostegno sfida i pregiudizi della società e ha basi fragili.

Iago, plebeo in ascesa, spirito illuminista, esalta il trionfo della volontà sulle passioni:

> Il nostro corpo è un giardino, e la nostra volontà è il giardiniere. [...] Ma la ragione raffredda i nostri bollenti appetiti, le passioni carnali, la sfrenata lussuria: perciò quello che si chiama amore non è altro che una talea o un pollone. [atto I, sc. 3]

La sua ambizione è salire socialmente, se necessario anche spingendo giù gli altri: una situazione a somma zero in cui il guadagno di uno è necessariamente la perdita di un altro. È un'offesa, per lui, la scelta di Cassio come luogotenente di Otello. Ha il timore di apparire credulone o cornuto (ma è lo stesso destino di Otello, Rodrigo, Brabanzio ed Emilia). Iago soffre di una gelosia patologica (che lo fa sospettare sia di Otello che di Cassio) che alimenta la sua brama di vedere altri patire gli stessi tormenti. Roso dall'incertezza della sua condizione, non sopporta lo spettacolo della sicurezza altrui, come quella di un patrizio come Cassio o di un nuovo venuto come il Moro, innalzatosi socialmente grazie al matrimonio con la figlia del senatore Brabanzio. Dopo avercelo presentato come un personaggio razionale con un vero affronto da vendicare, Shakespeare ci permette di scorgere in Iago un carattere più complesso: una vittima di quel mostro che è la gelosia che contamina altri con il suo flagello personale.

Iago è convinto che il fine giustifichi i mezzi e si bea dell'abilità con la quale manipola gli ingenui e i creduloni:

Il Moro è d'indole franca e leale,
ritiene onesto chiunque tale appaia
e si farà docilmente menare per il naso
come un asino... [atto I, sc. 3]

La sua sete di dominio è il riflesso della sua stessa insicurezza, come quando osserva del rivale Cassio:

la vita gli riserba giorni radiosi
che oscureranno me. [atto V, sc. 1]

Emilia è pragmatica e lucida senza essere corrotta dalla conoscenza; innamorata, ma non cieca; disponibile al compromesso, ma leale. Pur consapevole della rozzezza del marito (Iago), gli ubbidisce. Benché lo ami, però, confessa la verità dopo l'assassinio di Desdemona, mettendo così a rischio la propria vita. È amica sincera di Desdemona, ma benché leale le ruba il fazzoletto. Cerca di insegnare a Desdemona i vantaggi di un'etica commisurata alla situazione, di un pizzico di ipocrisia, e del compromesso con i poteri costituiti:

Desdemona: Tu lo faresti [essere infedele], per tutto l'oro del mondo?
Emilia: E voi no?
Desdemona: No, per la luce del sole!
Emilia: Neanch'io, alla luce del sole!
Ma potrei bene al buio.
Desdemona: Tu lo faresti, per tutto l'oro del mondo?
Emilia: Il mondo è cosa enorme, un gran premio
per una scappatella! [atto IV, sc. 3]

In breve, Emilia è una moralista moderna che ragiona e una relativista che accetta la realtà, sostenitrice del compromesso pur rimanendo fedele a certi valori e sacrificandosi infine a questi. Non può impedire gli eventi drammatici ma aiuterà la giustizia (cioè la vendetta) a colpire Otello e Iago.

Desdemona è la principessa dell'innocenza, che percorre nel dramma la traiettoria da una vittoriosa affermazione della propria indipendenza dalle convenzioni sociali (sposando Otello a dispetto del conformismo) alla confusione (il mondo non è all'altezza dei suoi preconcetti), fino alla rassegnazione di fronte al proprio tragico destino. Vivendo l'ideale senza alcuna concessione alla prudenza, è un giocattolo nelle mani di Iago (che nel secondo atto le spiega che una donna di grande virtù va incontro a un destino insignificante). Agisce secondo quanto le richiede l'ideale e non secondo la realtà (la gelosia di Otello):

> La crudeltà può molto,
> e la sua può distrugger la mia vita,
> ma non incrinar l'amor mio. [atto IV, sc. 2]

Rimane leale a dispetto di tutto, l'incarnazione dell'amore incondizionato: il solo amore autentico, mentre le altre forme sono solo economia. L'innocenza non è una virtù incondizionata, e si potrebbe sostenere che Desdemona è in parte responsabile del suo destino. Un maggiore realismo forse avrebbe potuto salvarla, e Otello con lei; una minore santità non avrebbe fatto tanta ombra agli altri personaggi.

Innocenza e virtù sono beni pubblici nell'accezione che tali termini hanno per gli economisti. Se gli svantaggi del comportamento degli individui abili ricadono su tutti, dei vantaggi si appropriano gli individui abili stessi, mentre i benefici dell'innocenza sono di solito, ma non sempre, ripartiti fra tutti e i costi sono sopportati prevalentemente dagli innocenti.

Di conseguenza, il giudizio che formuliamo sui leader, in quanto leader, è diverso da quello che formuliamo su di loro in quanto esseri umani. Alcune ammirevoli virtù possono avere conseguenze tremende per una comunità, mentre una propensione al compromesso e un certo grado di abilità accompagnata da una moralità più circostanziata possono talora rivelarsi più benefiche[7].

Note

[1] Claude Riveline mette in evidenza come nei bassorilievi egizi le diverse figure siano rappresentate tutte alla stessa maniera e si differenzino esclusivamente mediante gli attributi della loro funzione. Rendere a Cesare quello che è di Cesare significherebbe allora appropriarsi di tutto il resto e confermare la preponderanza dell'individuo sul ruolo.

[2] Una prova inversa è la perdita di autostima e di fiducia in sé che sopravviene tra i disoccupati e una parte dei pensionati anche in assenza di difficoltà finanziarie.

[3] Notiamo che l'apparente contaminazione di un ordine razionale basato esclusivamente sul merito può costituire un fattore di efficienza in campi in cui la fiducia è un elemento fondamentale per la gestione degli affari. L'appartenenza a una comunità accresce il costo del comportamento opportunistico e la garanzia derivante dall'importanza annessa alla buona reputazione. Ciò rappresenta dunque un elemento razionale, ancorché egualitario, che dovrebbe essere preso in considerazione nel processo di selezione. Il ruolo pubblico può dunque essere agevolato da certe lealtà private: Enrico IV di Francia, ad esempio, si convertì pragmaticamente al cattolicesimo per conquistare il potere, ragionando che «Parigi val bene una messa».

[4] Nei miti wagneriani, ad esempio, Odino, Alberico e Klingsor devono rinunciare all'amore per poter regnare sul mondo.

[5] W. Shakespeare, *Otello*, trad. it. di Sergio Perosa, Milano, Garzanti, 1990.

[6] Il desiderio di equità non è razionale nella misura in cui può indurre le persone ad agire contro il proprio interesse. Un esempio è il gioco detto «Ultima», in cui partecipano due giocatori che non si conoscono, non comunicano tra loro e non avranno altre interazioni una volta terminato il gioco. Il primo sceglie quanta parte di una somma di cento dollari tratterrà e quanto lascerà all'altro giocatore. Il secondo può accettare la somma lasciata dall'altro o ritirarsi dal gioco, nel qual caso nessuno dei giocatori riceverà nulla. La teoria dei giochi predice che è nell'interesse del primo giocatore proporre una ripartizione fortemente a proprio favore (ad esempio, lasciando al secondo giocatore pochi dollari e intascandosi il resto), in quanto questa distribuzione sbilanciata sarà comunque meglio di niente per il secondo giocatore e i due non avranno ulteriori interazioni. Nella maggior parte dei casi però il secondo giocatore rifiuterà la ripartizione della somma se troppo iniqua (privandosi di un guadagno per punire il primo giocatore, che non conosce e per la cui educazione non ha alcun interesse) e la maggioranza dei primi giocatori, prevedendo tale comportamento, proporrà una divisione ragionevolmente bilanciata dell'importo a disposizione.

[7] Koestler riassume tutto ciò affermando che la storia è immorale in quanto perdona i nostri difetti ma non i nostri errori.

II.

Genio ed eresia: «Santa Giovanna»

1. *Sfruttamento ed esplorazione*

Trovare un equilibrio tra esplorazione e sfruttamento è una delle sfide più importanti per i leader[1]. Riassumiamo alcune osservazioni già fatte a proposito del ruolo del leader nel perseguire questo equilibrio.

Lo sfruttamento, basato sull'uso efficiente di capacità esistenti, dà risultati affidabili ma rischia di far trascurare alternative più promettenti. L'esplorazione consiste nel ricercare nuove possibilità col rischio di non considerarle abbastanza da vicino da arrivare, padroneggiandole, a estrarne tutti i possibili benefici. L'ottimale equilibrio tra le due cose dipende in primo luogo dalla stabilità del contesto e dall'orizzonte temporale.

In una situazione prevalentemente fallimentare, l'esplorazione ha l'obiettivo di trovare una via di uscita ma nel breve periodo spesso conduce a ulteriori fallimenti, in parte perché molte delle idee esplorate si dimostrano negative e in parte perché quelle potenzialmente buone richiedono una certa quantità di pratica. Poiché a un primo approccio sembrano infruttuose, si tentano altri percorsi di ricerca anziché acquisire le competenze che permetterebbero di cogliere i benefici delle possibilità precedentemente identificate.

Il senso di fallimento è ovviamente soggettivo e viene rafforzato da aspirazioni eccessivamente ambiziose. Inoltre è suscettibile di reinterpretazioni *a posteriori*: il soggetto responsabile di una decisione tende a interpretarne le conseguenze in maniera favorevole, ma un trapasso di poteri può preludere ad accuse di fallimento nei confronti delle strategie del passato. Ciò spiega la compulsione esplorativa in taluni settori (come ad esempio l'istruzione), dove si vara una riforma prima di avere il tempo di valutare la precedente o di acquisire le competenze necessarie per attuarne le procedure.

Inversamente, il successo dello sfruttamento tende a scoraggiare l'esplorazione in quanto i benefici di quest'ultima sono incerti e remoti sia nel tempo che nello spazio, mentre l'esperienza accumulata attraverso l'applicazione a situazioni nuove delle competenze disponibili rende via via più efficiente lo sfruttamento.

È dunque assai difficile mantenersi in equilibrio tra efficienza e capacità di adattamento, in quanto in caso di successo c'è la tendenza a specializzarsi e a raffinare le procedure che si sono dimostrate efficaci e, in caso di fallimento, si guarda con impazienza ai risultati positivi di ulteriori innovazioni.

Da un certo punto in avanti l'esplorazione non è più redditizia, in quanto si sono esauriti tutti i percorsi di ricerca (anche se l'abbandono di alcuni di questi è stato senza dubbio troppo frettoloso) e si è acquisita una conoscenza sufficiente a permettere di utilizzare le scoperte fatte da altri. In generale, sembra possibile affermare che un'esplorazione efficace richiede conoscenza, ma non un'adesione a tale conoscenza così spinta da provocare un rifiuto sbrigativo delle idee nuove. Nel contempo, il rendimento marginale dello sfruttamento ha un andamento decrescente. Lo sfruttamento diventa sempre più raffinato e migliora le competenze, ma gli ulteriori perfezionamenti portano col tempo a progressi via via inferiori.

2. *Leader affidabili possono diventare leader creativi?*

I leader vengono selezionati da istituzioni ufficiali; per questo sono generalmente conservatori e dotati dei talenti necessari per lo sfruttamento. Da loro si pretende però che introducano e gestiscano i cambiamenti di cui si possa avvertire la necessità. Nelle narrazioni retrospettive di leader, esperti o ricercatori, i cambiamenti coronati da successo appaiono ingannevolmente semplici, in quanto il leader viene raffigurato come un eroe guidato da una visione che sfida le idee prevalenti e si concretizza grazie ai suoi sforzi eroici. Queste narrazioni però ignorano, di solito, il problema evidente per tutti i leader: di fronte a una multiforme varietà di idee devianti, come è possibile distinguere in anticipo quelle buone da quelle semplicemente devianti?

Le idee originali sono prevalentemente cattive. Quelle buone, inoltre, si dimostrano tali solo dopo un lungo periodo di apprendimento, e raramente forniscono risultati impressionanti al primo tentativo. Ne consegue che un'organizzazione tende a scoraggiare sia la sperimentazione di idee devianti che le persone che le propongono, privandosi in questo modo, in nome dell'efficienza, della principale fonte di innovazione. Anche quando si intuiscono i possibili vantaggi dell'esplorazione, è interesse di un'organizzazione sostenere i costi della sperimentazione assieme ad altri investitori (individui o altre organizzazioni) se i benefici delle idee di successo in seguito possono essere condivisi a costo zero.

Lo stesso dilemma si riscontra nell'educazione dei giovani. Le idee che appaiono originali ai ragazzi raramente sono uniche o buone. Gli insegnanti, dunque, sovente le scoraggiano in partenza, tanto che la creatività sopravvive solo per accidente, qualche volta solo perché i ragazzi vanno male a scuola o perché il loro ambiente «è fallimentare sul piano educativo». Lo stesso vale per l'educazione dei futuri leader, selezionati per la loro capacità di risolvere problemi dati ricorrendo a metodi noti e sperimentati.

Per stimolare un livello sufficiente di esplorazione dobbiamo comprendere i fattori che determinano la propensione al rischio o il suo opposto; in altre parole, quello che può spingere un decisore a optare per risultati più o meno variabili.

A livello individuale sappiamo che:

- il pericolo può avere effetti positivi (strategie provate «per disperazione» in una situazione difficile), ma anche effetti negativi (la paralisi quando è in gioco la sopravvivenza);

• una sovrabbondanza di risorse stimola l'esplorazione (presenza di minori controlli, minor timore del fallimento, innovazione istituzionalizzata);

• un individuo che ottiene risultati inferiori alle aspettative aspirerà a una variabilità di risultati maggiore di uno che ha ottenuto più di quanto si aspettasse e la cui principale priorità è conservare quanto acquisito;

• risorse nuove verranno investite in maniera più rischiosa di risorse che sono state assimilate (e dunque integrate nelle aspirazioni)[2];

• una precedente esperienza di successo può ispirare una fede superstiziosa nella capacità dell'individuo di avere la meglio sui pericoli o di essere baciato dalla fortuna.

A livello organizzativo, i benefici incerti e remoti dell'esplorazione devono essere valutati assieme ai costi noti e immediati. Le organizzazioni più propense al rischio tendono a mancare di esperienza e a evitare il modello gerarchico tradizionale; tendono in particolare a essere decentrate e a possedere un sistema di controlli centrali relativamente permissivo.

Per stimolare la creatività e la produzione di idee devianti occorre tollerare o persino incoraggiare le cattive idee (ad esempio felicitandosi con gli studenti che fanno errori interessanti). Possono poi essere previste ricompense maggiorate per coloro le cui idee devianti si rivelano vincenti. Questa è per l'appunto la funzione dei brevetti e dei diritti di proprietà industriale e, più in generale, di tutti i sistemi che concedono sostanziosi privilegi e risorse a quei rari individui che conseguono il successo (nello sport come nello spettacolo e nella politica) per incoraggiare altre persone a tentare la fortuna. Benché una singola lepre (che corre veloce ma dorme troppo) rischi comunque di essere battuta da una singola tartaruga, in una competizione tra una schiera di lepri e una schiera di tartarughe con tutta probabilità sarà una lepre a tagliare per prima il traguardo[3]. Le scelte di un'organizzazione dipendono pertanto dalla rispettiva importanza che essa attribuisce alla performance media (nel qual caso recluterà tartarughe) o al conseguimento di pochi smaglianti successi (un esercito di lepri, che è inefficiente come insieme, contiene però al suo interno diversi individui eccezionali)[4].

È anche possibile che le procedure organizzative modifichino involontariamente la percezione del successo. Gli individui frequentemente promossi per i loro successi saranno particolarmente fiduciosi di poter sconfiggere le probabilità avverse. Poiché in un gruppo di management selettivo, e di conseguenza sempre più omogeneo, le differenze di performance osservabili sono dovute con ogni probabilità più a eventi casuali che a una particolare capacità individuale, la fiducia è probabilmente mal riposta. Il processo di selezione sulla base della performance porta dunque a un eccesso di confidenza e a una conseguente eccessiva propensione al rischio.

Inoltre è possibile manipolare le motivazioni irrazionali che sottendono le azioni individuali: il dovere nei confronti dello Stato, la fede in una missione divina (santa Giovanna) o nel destino (Kutuzov), gli istinti naturali e incorrotti (le classi inferiori per Tolstoj o i riflessi del buon soldato) o le ossessioni (l'amore per Desdemona, la vendetta per Iago, il patriottismo per i ribelli irlandesi).

I geni sono pericolosi. L'agire per istinto spinge Otello a commettere un orribile delitto, i buoni sentimenti di Pierre Bezuchov sono di scarso conforto per i contadini russi e don Chisciotte maltratta, ripetutamente, persone innocenti. Un genio combina caratteristiche che portano a fallimenti clamorosi (testardaggine, mancanza di disciplina, ignoranza), alcuni ingredienti del successo (elementi di intelligenza, una capacità di gettarsi alle spalle gli errori, una motivazione irremovibile) e una fortuna fuori del normale. Il genio dunque si manifesta solo come sottoprodotto di una spiccata tolleranza nei confronti dell'eresia e della follia apparente, che è spesso il risultato di circostanze particolari (sovrabbondanza di risorse, ideologia manageriale, meccanismi di promozione) anziché di un'intenzione deliberata. Organizzazioni «intelligenti» cercheranno pertanto di creare un contesto favorevole al genio accettando i rischi dell'inefficienza o di fallimenti devastanti… nei limiti dei rischi che possono permettersi di correre[5].

3. *Diversità e unità*

Abbiamo visto che le organizzazioni devono raggiungere un equilibrio delicato tra esplorazione e sfruttamento, tra geni e tecnici competenti, tra la diversità che permette di far emergere punti di vista originali e l'unità necessaria per l'integrazione e per un'azione coerente.

Nella letteratura sulle organizzazioni alcuni autori si concentrano sull'efficienza ovvero sulla ricerca dell'unità all'interno delle organizzazioni, raffigurate come coalizioni di attori con differenti punti di vista, obiettivi e capacità che devono essere coordinati al fine di attuare compiti complessi. Altri si concentrano sulla capacità di adattamento delle organizzazioni in un ambiente mutevole. I termini del dibattito sono molto vicini a quelli che abbiamo visto nella discussione sullo sfruttamento e l'esplorazione, con l'aggiunta di connotazioni simboliche a più spiccata valenza politica.

Il rinnovamento del corpo sociale di un'organizzazione ne preserva l'eterogeneità, mentre la socializzazione promuove un certo grado di unità al suo interno. Le norme dell'organizzazione e quelle dei suoi singoli membri si adattano le une alle altre. Possiamo costruire modelli[6] che dimostrano come un'organizzazione tragga vantaggio, da un lato, dall'avere tra i suoi membri individui scarsamente socializzati che testano strategie diverse da quella ufficiale (ovvero dal «codice» dell'organizzazione) e, dall'altro, dal perfezionare questa strategia ufficiale attingendo a talune delle scoperte fatte da quegli individui devianti[7]. In simili modelli, gli individui che se la cavano meglio sono coloro che imparano rapidamente in un mondo in cui molti apprendono con lentezza (per loro disgrazia personale). I meccanismi di cooptazione rendono possibile integrare nella struttura di comando dell'organizzazione membri devianti che, dopo esserne stati esclusi, sono riusciti a dar prova del proprio valore.

Possiamo tuttavia obiettare che il modo in cui gli individui sono tenuti a provare quanto valgono prima di essere cooptati nel gruppo dominante spesso riduce il loro livello di devianza oppure accentua la differenziazione tra i gruppi. Come regola generale, i gruppi politicamente deboli, periferici o subordinati invocheranno la diversità e il decentramento, mentre quelli dominanti tesseranno le lodi dell'unità e della centralizzazione. Parlando in generale, in qualsiasi posizione gerarchica gli individui tendono a reclamare una maggiore autonomia (richiedendo una maggiore tolleranza della diversità e un maggiore decentramento rispetto alle autorità centrali dell'organizzazione alla quale appartengono) e a tenere sotto controllo tutto quello che dipende da loro, promuovendo in tal modo una certa unità nel settore di competenza. Inversamente, tutti devono fronteggiare le aspirazioni all'eterogeneità provenienti dai subordinati e le richieste di coerenza e di procedure unificate provenienti dai ranghi più alti della gerarchia.

Il leader alla sommità dell'organizzazione ne esprime l'unità e la cultura comune, e allo stesso tempo incoraggia la diversità locale in misura più o meno spinta. Può essere vantaggioso per il leader minimizzare le tensioni tra le esigenze di unità e di diversità imparando a riconoscere, nelle domande di diversità, quei gruppi che cambieranno atteggiamento nel momento in cui raggiungeranno posizioni di leadership.

4. *«Santa Giovanna»*

Santa Giovanna di George Bernard Shaw è un dramma «storico». Shaw non pretendeva di aver riprodotto conversazioni reali, ma i suoi dialoghi fittizi ricreano quella che egli considerava la struttura essenziale della storia[8]. Questa libertà è forse legittima se consideriamo che ogni forma di storia è veicolata da narratori più o meno vicini alle proprie fonti, e che la distinzione tra storia vera e propria e sfacciata finzione non è così chiara come potrebbe sembrare.

Il fatto che santa Giovanna sia una giovane donna è importante e spiega certi atteggiamenti o problemi concernenti la legittimità del personaggio ma, proprio come la razza di Otello e le origini sociali di Iago, non è il tema centrale del dramma. Il suo argomento principale è invece il problema del genio. Il genio è un outsider rispetto all'istituzione, è mal inserito nella società e di conseguenza è portatore di guai; tuttavia ha una percezione deviante del mondo che alla fine si dimostra esatta.

La Giovanna di Shaw cerca di imporre la sua visione agli altri e alla storia. I restanti personaggi del dramma, strenui difensori degli interessi delle istituzioni che rappresentano (la Chiesa, i signori feudali, la Corona, i britannici, l'esercito), vedono in Giovanna talora una minaccia, talaltra un possibile strumento. L'establishment cerca dapprima di frustrarne il genio, in seguito se ne lascia dominare e l'adotta, per poi abbandonarla nel momento in cui la crisi è stata superata e la minaccia è scomparsa.

Le visioni e le voci che Giovanna vede e sente (che alcuni potrebbero chiamare ispirazione, intuizione o subcosciente) sono necessarie per sfuggire a un'impasse, ma sono incompatibili col paradigma che mettono in pericolo. La loro giustificazione razionale è costruita in seguito, con l'obiettivo di convincere gli scettici:

> Be', bisogna che trovi delle ragioni per te, visto che non credi nelle mie voci. Ma le voci vengono prima di tutto; e le ragioni le trovo dopo: così puoi credere a quello che preferisci. [sc. V][9]

Comunque Giovanna non crede a un approccio razionale basato sulla ricerca del vantaggio personale:

> Voi non capite, signore. I nostri soldati sono sempre sconfitti perché combattono unicamente per salvarsi la pelle; e il modo più sbrigativo di salvarsi la pelle è scappare. I nostri cavalieri pensano soltanto al denaro che guadagneranno coi riscatti: per loro non si tratta di uccidere o essere uccisi ma di pagare o essere pagati. Eppure io insegnerò loro a combattere perché in Francia sia fatta la volontà di Dio; e allora i poveri *goddam* gli si pareranno davanti come pecore. [sc. I]

Le vittorie di Giovanna non sono, comunque, solo il trionfo dell'eresia, e la visione di Giovanna sarebbe inutile senza l'esperienza e le capacità del valente comandante militare Dunois:

> No, no, ragazza mia, se mi liberassi dalla paura sarei un buon cavaliere da libro delle fiabe, ma un pessimo comandante dell'esercito. Andiamo! Lascia che ti insegni a fare il soldato. [sc. III]
>
> [...] so che un giorno andrà avanti anche se ha solo dieci uomini per fare ciò che dovrebbero fare in cento. E allora s'accorgerà che Dio sta dalla parte del battaglione più grosso. [sc. V]

In quanto ai miracoli di Giovanna, l'arcivescovo spiega perché sono perfettamente legittimi:

> Un miracolo, amico mio, è un avvenimento che crea la fede. Ecco lo scopo e la natura dei miracoli. Possono sembrare meravigliosi a coloro che vi assistono, e molto semplici a coloro che li compiono. Questo non ha importanza: se confermano o creano la fede sono veri miracoli. [...] Quando questa ragazza riconoscerà il Delfino tra i suoi cortigiani, io non griderò al miracolo perché saprò cos'è. E la mia fede non ne sarà accresciuta. Ma per gli altri, che sentiranno la scossa del soprannaturale e dimenticheranno il loro involucro peccaminoso nell'improvvisa sensazione della gloria di Dio, sarà un miracolo, e benedetto. E vedrete che la stessa ragazza ne sarà più colpita di tutti. E dimenticherà come ha effettivamente fatto per riconoscerlo. E, forse, lo dimenticherete anche voi. [sc. II]

Il genio conferma una verità, con la stessa intolleranza dei suoi avversari, e può scatenare il necessario cambiamento quando le procedure normali portano a un vicolo cieco: «È di qualche matto che abbiamo bisogno. Vedi come ci hanno ridotto i savi!» [sc. I: Bertrand de Poulengy al capitano Robert de Baudricourt, per convincerlo a unire le proprie sorti a quelle di Giovanna]. L'eresia dunque ha la meglio sull'intolleranza solo quando l'istituzione è disperata.

Ma il genio viene rinnegato da tutti quando la buona stella l'abbandona, e l'eresia non frutta più successi (vedi Anita Roddick, Steve Jobs, Margaret Thatcher, Bernard Tapie, Jean-Marie Messier):

Dunois: Adesso ditemi, tutti, chi di voi alzerà un dito per salvare Giovanna il giorno in cui gl'Inglesi l'avranno catturata? Io parlo per primo, in nome dell'esercito. Il giorno dopo quello in cui un *goddam* o un Borgognone l'avrà disarcionata, e non ne sarà morto, il giorno dopo, dicevo, che ella sarà rinchiusa in una prigione e non vi sarà sbarra né chiavistello che si spalanchi sotto le dita dell'angelo di San Pietro: il giorno in cui il nemico scoprirà che ella è vulnerabile quanto me e tutt'altro che invincibile, ella non varrà per noi più della vita di un soldato qualsiasi; e io non rischierò quella vita, per quanto Giovanna mi sia cara come compagno d'armi. [sc. V]

Il genio rende dunque possibile esplorare percorsi sconosciuti e talvolta redditizi in una situazione in cui lo sfruttamento delle capacità comuni, di cui l'istituzione è padrona, non è sufficiente a risolvere una crisi. Quando l'esplorazione diventa troppo costosa o crea eccessiva incertezza e minaccia le posizioni consolidate, l'istituzione abbandona il genio. Questo scenario si ripete nel caso di altri eroi mandati dalla provvidenza.

Note

[1] Questo tema è stato esaustivamente esplorato nella ricerca di March; cfr. ad esempio T. Weil, *Invitation à la lecture de James March*, Paris, École des Mines, 2000, p. 87; J.G. March, *Three Lectures on Efficiency and Adaptiveness*, Helsinki, Svenska Handelshögskolan, 1994; e J.G. March, *The Pursuit of Organizational Intelligence*, Oxford, Blackwell, 1999, capp. 7, 10 e 11.

[2] Quando una risorsa è disponibile per un periodo sufficientemente lungo «ci contiamo» e troviamo difficile farne senza, ma è un bonus improvviso e inatteso che più probabilmente porta a uno sfruttamento pieno della risorsa (cfr., ad esempio, M. Sebag, *L'argent du loto*, tesi di master in economia, Université Paris-IX, 1982).

[3] In un modello semplice una tartaruga avanza alla velocità costante di un miglio l'ora e la lepre corre a cinque miglia l'ora; in ogni dato periodo di cinque minuti però una lepre per il 90% non corre, ma dorme. Una tartaruga impiegherà esattamente un'ora a percorrere il miglio del test mentre la lepre avrà solo l'11% di probabilità di arrivare prima (ovvero la probabilità di rimanere sveglia per almeno tre periodi di cinque minuti). In una corsa fra una tartaruga e una lepre la probabilità di

vittoria della lepre è solo di 0,11. Se però alla corsa partecipano cento tartarughe e cento lepri, la probabilità che almeno una lepre arrivi prima di una tartaruga (e quindi la corsa si concluda con la vittoria di una lepre) è di $1 - (0{,}89)^{100}$ (maggiore cioè di 0,99999).

[4] In certe situazioni le vincite potenziali giustificano la scommessa su un grosso numero di lepri. È questo che fa il capitale di rischio in un mercato in cui il vincitore prende tutto, e in assenza di una previsione affidabile riguardo alla tecnologia che dominerà il futuro.

[5] Tutto dipende dagli orizzonti temporali dei decisori. Si tratta forse di azionisti di un'azienda familiare interessati ai profitti a lungo termine oppure di direttori finanziari che non possono permettersi «esperimenti azzardati» suscettibili di pregiudicare i dati trimestrali?

[6] Weil, *Invitation à la lecture de James March*, cit., p. 92; S.R. Herriott, D. Levinthal e J.G. March, *Learning from experience in organizations*, in «American Economic Review», 75, 1985, pp. 298-302; trad. it. *Le organizzazioni e l'apprendimento per esperienza*, in J.G. March, *Decisioni e organizzazioni*, Bologna, Il Mulino, 1993, cap. 7; e J.G. March, *Exploration and exploitation in organizational learning*, in «Organization Science», 2, 1991, pp. 71-87.

[7] Questo modello piuttosto sofisticato tiene conto del fatto che non sappiamo quali delle convinzioni degli individui devianti hanno reso possibile il successo. L'organizzazione, pertanto, adotterà alcuni dei loro principi, a volte assennatamente, a volte per superstizione (quando il deviante baciato dal successo impone la sua regola la cui applicazione non è stata tuttavia determinante per il risultato conseguito).

[8] Irlandese che scrive in inglese, Bernard Shaw ha goduto di una maggiore distanza da un personaggio che non è un eroe nazionale per il suo pubblico più immediato, potendo concedersi una maggiore libertà di trattamento.

[9] G.B. Shaw, *Santa Giovanna*, trad. it. di Paola Ojetti, Milano, Mondadori, 1980.

III.

Ambiguità, irrilevanza, potere e ordine sociale: «Guerra e pace»

1. *Organizzazioni, ambiguità e incoerenza*

Le organizzazioni hanno bisogno di coerenza per facilitare le comunicazioni, semplificare i controlli e garantire l'equità. L'improvvisazione è rimpiazzata dalle procedure e gli accordi spontanei da regole e contratti. La coerenza è però limitata dall'ambiguità dell'esperienza, dalla comunicazione e dalla necessità di delegare. Spesso sottovalutiamo tali ambiguità e la loro utilità e sopravvalutiamo l'agire razionale finalizzato al conseguimento di obiettivi chiari all'interno di una strategia ben definita. Infatti gli obiettivi perseguiti spesso appaiono vaghi, poco chiari, a malapena coerenti, instabili o endogeni: determinati durante il corso dell'azione e spesso persino dai risultati di questa azione. È difficile interpretare gli eventi, ricostruire quanto è stato realmente fatto, identificare gli effetti delle azioni, e determinare se i risultati siano da considerarsi un fallimento o un successo. Problemi, soluzioni e azioni sono scarsamente collegati, così come i bersagli, le informazioni usate, le decisioni prese e le azioni svolte da dipartimenti diversi della stessa organizzazione. Il fattore decisivo è spesso la simultaneità[1].

Questa ambiguità delle percezioni e decisioni umane può essere forse illustrata da temi ricorrenti nella poesia *Il canto d'amore di J. Alfred Prufrock* di T.S. Eliot[2]:

> Tempo per te e tempo per me,
> E tempo anche per cento indecisioni,
> E per cento visioni e revisioni,
> [...]
> In un attimo solo c'è tempo
> Per decisioni e revisioni che un attimo solo rovescerà.

> [...]
> Ho misurato la mia vita con cucchiaini da caffè;
> [...]
> È impossibile dire ciò che intendo!

La discrepanza tra le ambiguità della realtà e la nostra pretesa che la realtà sia chiara può provocare nei leader tre tipi di reazione:

1. un tentativo di ricondurre la realtà al discorso (idealismo);
2. un tentativo di sfruttare la differenza tra i due (realismo);
3. un tentativo di ricondurre il discorso alla realtà (romanticismo)[3].

Gli idealisti (economisti, commentatori politici, teorici delle decisioni e consulenti aziendali) mirano a eliminare l'ambiguità rendendo le organizzazioni conformi al modello da loro costruito. Costoro credono nella possibilità di esplicitare chiaramente, fin dall'inizio, le preferenze, di perfezionare le tecniche di osservazione e di deduzione per comprendere meglio gli eventi, di migliorare i risultati delle decisioni attraverso analisi più precise e un migliore controllo della loro applicazione, e di costruire modelli complessi qualora la realtà sfugga a una descrizione semplice. Nella sfera militare, ad esempio, ritengono possibile definire regole precise e logiche di ingaggio (da cui derivano situazioni come quella della Baia dei Porci nel 1961, la crisi missilistica cubana del 1962 e la distruzione dell'aereo di linea iraniano da parte di una nave americana nel 1988).

I realisti cercano di volgere l'ambiguità a proprio vantaggio. Sanno navigare contro vento virando e zigzagando in mezzo agli ostacoli. Nelle organizzazioni sono tenaci, sovraccaricano il sistema decisionale per indurre i loro avversari a dedicarsi ad altri problemi e propongono interpretazioni della storia funzionali ai propri interessi. Sanno che spesso è più facile e utile influenzare il modo in cui vengono percepiti i risultati di un'azione, gli indicatori analizzati dal management e le reputazioni individuali anziché agire su una realtà in ogni caso altamente problematica.

Pertanto si dedicano a coltivare la propria reputazione e si concentrano sul contenuto dei rapporti finali, sulla misurazione degli indicatori e sulla padronanza di tecniche contabili sofisticate.

I romantici sguazzano nel fascino dell'ambiguità. Amano scoprire lo scopo delle loro azioni mentre le svolgono, contribuendo in tal modo a fare un pezzettino di storia e a costruirne il significato. Credono che la vita sia poesia e che la bellezza possa essere un criterio più valido della verità. Adrienne Rich ha scritto che le poesie sono come i sogni: dentro ci si mette quello che non si sa di sapere. I romantici ricorrono volentieri alla tecnologia dell'insensatezza[4], trattando gli scopi come ipotesi (che saranno confermati oppure no), l'intuizione come fonte legittima d'ispirazione, l'ipocrisia come necessario fatto transitorio, i rapporti e l'esigenza di coerenza come nemici potenziali e l'esperienza come una teoria fra tante. Vivono e agiscono in maniera giocosa. Una decisione è un'occasione per apprendere qualcosa degli scopi che stanno perseguendo; la programmazione è un modo per rileggere la storia e interpretare il passato. L'arte di un leader consiste nell'evocare significati interessanti. Le memorie scritte diventano una forma di poesia e le valutazioni sono un'occasione per plasmare la realtà, così come uno scultore modella la creta. Le riunioni dei comitati direttivi sono organizzate e vissute alla stregua di rappresentazioni teatrali.

2. *L'irrilevanza delle intenzioni umane per la storia*

Guerra e pace fu scritto negli anni sessanta del XIX secolo, circa cinquant'anni dopo gli eventi storici che vi sono rappresentati. La storia raccontata era ancora «vicina» ai lettori di Tolstoj, ma non troppo. Tolstoj scriveva in un'epoca di rivolgimenti sociali e politici. Alessandro II, sul trono dal 1856, aveva avviato un cauto programma liberale. Prima del suo assassinio nel 1881, egli pose fine alla guerra di Crimea, richiamò dall'esilio i decabristi, abolì il servaggio, concesse un certo grado di libertà di stampa, riformò le istituzioni giudiziarie e fu sul punto di concedere al paese una costituzione.

Il romanzo ha una struttura piuttosto tenue, per non dire sconcertante, con numerose digressioni che appaiono gratuite sia sul piano dell'intreccio che dello sviluppo dei personaggi principali (che in ogni caso emergono come tali solo a lettura inoltrata). Esso racconta una storia e ne discute il significato dal punto di vista di Dio che getta lo sguardo sul mondo[5] e trae una morale dagli eventi a beneficio del lettore. Il romanzo non ha un tema centrale o, per meglio dire, ne ha diversi, i personaggi appaiono e scompaiono (Vas'ka Denisov, Platon Karataev), scene minori sono descritte con dettagli minuziosi senza una ragione evidente (la caccia al lupo, Nataša e la madre che contano gli asciugamani, la partenza da Mosca), gli eventi sono a volte slegati dalla loro causa, così come i pensieri dalle azioni, e il romanzo non ha una vera fine (l'epilogo potrebbe essere l'introduzione di una possibile seconda parte).

La struttura del romanzo, o meglio la sua assenza, illustra la concezione tolstojana della storia. Ci troviamo catapultati in un flusso di eventi che nessuno può immediatamente giudicare significativi o meno. La maggior parte dei sentieri che vengono aperti non conduce in alcun luogo. Le cose accadono in ordine caotico ed è difficile dire dove iniziano e dove finiscono. In realtà le storie ben costruite – come quella di Rostov che, non potendo raccontare la storia ridicola della sua caduta da cavallo così come è realmente avvenuta, ricorre alla narrazione standard di una carica di cavalleria – sono fortemente sospette. Le storie sono ordinate e semplificate in maniera artificiale, con il ricorso a termini vaghi come «potenza», «destino» o «genio». Tolstoj ama contrapporre la storia ufficiale a versioni alternative (come ad esempio i piani per la battaglia di Borodino e l'incontro tra Napoleone e un prigioniero cosacco descritto da Thiers). La storia ufficiale è un costrutto sociale come le storie individuali (si pensi ad esempio alla storia di Nataša, alle interpretazioni del duello e al matrimonio di Pierre). Le storie vengono modificate per soddisfare le aspettative del pubblico e per apparire, di conseguenza, credibili: si conformano a verità accettate, descrivono effetti prossimi e proporzionali alle loro cause, attribuiscono un ruolo essenziale alle azioni dei leader.

Guerra e pace sviluppa la teoria tolstojana per cui la storia non possiede una struttura ben definita ma è il risultato della complessa interazione di miriadi di eventi insignificanti. I piani di battaglia non possono essere messi in pratica per colpa di molteplici fattori imprevisti e i generali non possono essere informati in tempo di quello che accade sul campo. Kutuzov se ne rende conto perfettamente e fa finta di avere la situazione sotto controllo per rassicurare i suoi ufficiali, senza però pretendere di avere altra influenza sulle sorti della battaglia[6]. La storia conferisce importanza ad alcuni personaggi come marionette di forze soverchianti, mentre si dimentica di altri. «Invece, che cosa ci attende domani? Cento milioni di possibilità, delle più disparate, che si risolveranno tutt'a un tratto col fatto che qualcuno scapperà, loro o noi, e che verrà ucciso il tale, o il tal'altro»[7].

Inoltre ciascun individuo ha un carattere in costante mutamento, nutre interessi mutevoli e offre a osservatori differenti aspetti diversi di sé. Andrej, ad esempio, è considerato liberale dai progressisti perché ha emancipato i servi e per la sua cultura; i conservatori lo considerano in primo luogo il figlio di suo padre; le donne un buon partito; e alcuni ufficiali lo ritengono un uomo eccezionalmente benevolo, mentre per altri è freddo e distante. Tutti hanno ragione, almeno in qualche momento. Tolstoj ci mostra uomini saggi che non credono nelle verità ampiamente accreditate (Kutuzov e Karataev) ed esalta gli individui che sanno vivere il momento presente, come Nataša e Nikolaj. Suggerisce che, benché la verità sia accessibile in rari momenti, è vano mettersi deliberatamente alla sua ricerca.

In *Guerra e pace* sono raffigurati personaggi dalla natura incostante calati in un mondo incoerente. In particolare, il romanzo si concentra su tre personaggi con una buona posizione sociale e dotati di ampi mezzi, e tuttavia vittime delle avversità e dell'irrilevanza[8].

Andrej Bolkonskij è un uomo intelligente, introspettivo, aristocratico e persino decadente, a suo agio in un mondo attentamente controllato. È freddo e un poco distante, diffida delle emozioni e non può tollerare la volgarità. Non si fa influenzare facilmente dalle opinioni altrui ma non è propenso a rivoltarsi contro l'ordine sociale, pur essendo consapevole dei suoi limiti. Anela a un contesto razionale, non ama l'ambiguità e in certo qual modo è all'origine della caduta di Nataša quando le impone di impegnarsi ad attendere un anno prima del loro fidanzamento, in quanto ne rifiuta la spontaneità, la spensieratezza e la propensione a vivere il presente. È perseverante, efficiente senza invadenza e scrupoloso nell'adempiere ai suoi obblighi, e mostra di preoccuparsi del benessere e del progresso morale di coloro che dipendono da lui. Si mostra coraggioso di fronte alle avversità, ma è indebolito dalla sua esigenza di razionalità: osserva la relazione tra Nataša e Anatole come attraverso la lente di un rigido concetto dell'onore, senza avvertire un bisogno profondo di vendicarsi del rivale. Non riesce a sopportare la natura arbitraria e incomprensibile del mondo. La sua intelligenza gli dà la lucidità necessaria a rendersi conto dell'assurdità della guerra, della sfrenata presunzione di Napoleone, della stupidità dei salotti di San Pietroburgo, della senilità del genitore e dell'eccessiva religiosità della sorella, ma non lo aiuta a dare un senso a ciò che lo circonda. Il suo approccio intellettuale gli impedisce di lasciarsi andare all'amore per Nataša; anzi finisce per distruggerlo non volendosi concedere a esperienze di tipo mistico (anche se in diverse occasioni vi arriva vicino). Non è cieco di fronte alla mediocrità di coloro che vengono proclamati eroi, ma non è in grado di riconoscere il vero eroismo quando lo incontra (Tuškin). Andrej è un personaggio moderno e colto, consapevole sia della necessità di agire che dell'impossibilità di dare un senso alle proprie azioni.

Pierre Bezuchov è goffo, ingenuo e romantico, e la sua carenza di buone maniere è particolarmente evidente quando frequenta i salotti; è spontaneo, spesso puerile (sogna di uccidere Napoleone ed è ossessionato dalla numerologia e da un misticismo di tipo massonico) e facilmente influenzabile. Il suo carattere è ben sviluppato nel romanzo. Evita di prendere decisioni, si sposa, prende parte a un duello e rischia di venire giustiziato dopo una serie di eventi che non comprende e che non tenta di controllare. Alla ricerca di una verità definitiva e rassicurante con un entusiasmo che nulla può frenare, trova infine la pace immergendosi nella vita quotidiana. Si tratta forse del personaggio più reale del romanzo: non è distante né «astratto» come Andrej e Tolstoj spesso lo descrive fisicamente o si sofferma sulle sue abitudini alimentari. Rifiuta di prendere sul serio se stesso, salta da un impegno all'altro e si getta nelle sue imprese con passione (l'ammirazione per Napoleone, la sua vita spensierata, il matrimonio con Hélène, il duello, gli studi massonici, il patriottismo, la partecipazione alla campagna bellica e alla battaglia di Borodino, i piani per uccidere Napoleone, la comunione con le classi inferiori): «Bisogna vivere, bisogna amare, bisogna credere, [...] che non viviamo soltanto oggi su questo lembo di terra, ma che siamo vissuti e vivremo eternamente, là, nel tutto»[9]. Non si ribella mai all'irragionevolezza e all'irrilevanza del mondo; considera passivamente il suo fidanzamento con Hélène, voluto da altri. Il suo girovagare sul campo di battaglia di Borodino, incurante del pericolo ma totalmente inutile, illustra l'assenza di un vero significato negli avvenimenti che si dipanano attorno a lui.

Nataša Rostova è impulsiva, fiduciosa nella vita e in se stessa; si trova spesso sull'orlo del baratro ma di solito se ne ritrae (tranne che con Anatole Kuragin). Tolstoj la descrive senza indulgenza, pur apprezzandone indubbiamente la bellezza e l'approccio esuberante alla vita. La sua natura è appassionata e intensamente narcisistica, benché priva di egoismo: si concentra soprattutto su se stessa ma vuole sinceramente che anche gli altri siano felici. Vive esclusivamente nel presente, traboccante di vita e di energia sessuale. Pur non particolarmente intelligente né virtuosa, ottiene tutto quello che desidera; il suo destino si compie appieno. La sua sorte, in particolare se paragonata alle sventure della virtuosa Sonja, rivela un Dio indifferente alle virtù individuali, un Dio ingiusto che predilige le persone piene di gioia e di vita (o dona gioia ed energia vitale alle persone che predilige). Si fa cogliere di sorpresa dalle avversità ma reagisce coraggiosamente ed efficacemente nelle situazioni di crisi, come quando organizza la partenza da Mosca. Non si dà pena e nemmeno si rende conto dell'irrilevanza del mondo, in quanto, a differenza di Andrej e Pierre, non tenta di cercare di scoprire il significato degli eventi.

Nel romanzo l'innocenza viene preferita alla sofisticazione dei salotti, la spontaneità al ragionamento; ma si tratta di preferenze relative, e i personaggi sono sovente – in momenti successivi ma anche contemporaneamente – sia ammirevoli che degni di disprezzo, mentre la virtù non ottiene sempre dalla vita la giusta ricompensa. I dilemmi che sovrastano le persone sono insolubili, e le virtù individuali emergono nel tentativo dei personaggi di essere buoni anziché nella loro capacità di distinguere ciò che è bene; il valore dei singoli è dimostrato dalla dignità con cui affrontano la vita, la crudeltà del destino e l'arbitrio del favore divino. La storia, che è il risultato del complesso intrecciarsi di cause insignificanti, è la realizzazione dei piani di un Dio elusivo. Le ridicole pretese di Napoleone sono giustapposte alla rassegnata modestia di un Kutuzov. Nell'epilogo ritroviamo Pierre, Nikolaj Rostov e Nataša che assaporano finalmente i piaceri di una vita semplice e sana, ma incontriamo anche i sogni di gloria del giovane Nikolaj Bolkonskij, il figlio di Andrej, in procinto di rivivere ingenuamente le tribolazioni dei suoi predecessori. Non ci sono eroi: né Andrej, il razionalista colto e competente, né Pierre, l'entusiasta fautore di tutto ciò che è nuovo, né infine Nataša, l'avventuriera sempre pronta a darsi da fare. Andrej, nonostante la sua rettitudine e il suo autocontrollo, si scontra con i limiti del cinismo e del distacco; Pierre, aperto e sempre disposto a imparare, è vittima della propria passività e ingenuità; Nataša, benché fiduciosa nelle proprie possibilità e baciata dal successo, è impulsiva e narcisista. Alla fine però tutti raggiungono un certo grado di saggezza grazie all'esperienza e smettono di lottare contro la storia. Ci sono particolari frangenti in cui i personaggi sembrano sul punto di cogliere una verità essenziale (quando ad esempio Andrej è ferito, Pierre in prigione, Nataša al ballo e Nikolaj alla caccia al lupo), ma si tratta di fuggevoli momenti di grazia.

La vita ha preparato buoni leader come Kutuzov ad assumersi le responsabilità loro destinate, ma non per effetto di un deliberato progetto di carriera: piuttosto si tratta della capacità di affrontare l'irrilevanza dell'agire umano, sia opponendovisi, come Andrej, sia negandola, come Pierre, sia ignorandola, come Nataša.

3. *L'irrilevanza e le anomalie della leadership*

Identificare dei leader che siano più capaci e meritevoli dei rispettivi subordinati è notoriamente cosa difficile[10]. È un problema che si pone sia quando un leader viene scelto da un agente razionale quale può essere un consiglio di amministrazione, sia quando, ed è il caso più eclatante, ci si cala nell'agone politico della scelta di un leader democratico, poiché, come puntualizzano March e Olsen, le qualità necessarie per conquistare il potere non sono esattamente le stesse che servono per esercitarlo[11]. Due articoli scritti da March ma a malapena menzionati durante il corso – forse perché basati su modelli matematici piuttosto complicati, mentre la preparazione matematica degli studenti che frequentavano il corso era estremamente variabile – spiegano in primo luogo perché capi selezionati dopo un esame estenuante spesso conseguono risultati deludenti e, in secondo luogo, perché personalità con alle spalle brillanti carriere ottengano risultati non necessariamente superiori ad altri.

Che i risultati dei capi ci appaiano deludenti è un'eventualità piuttosto frequente. È forse solo il risultato delle promesse esagerate che fanno prima di essere scelti? Sono state elaborate diverse spiegazioni psicologiche o sociologiche perfettamente rilevanti, ma è anche possibile dimostrare che questa delusione è un effetto intrinseco alla procedura di selezione[12].

Immaginiamo una situazione di reclutamento in cui possiamo osservare la prestazione dei candidati partecipanti a un test di selezione. Alla prestazione intrinseca, che chiameremo K_i, legata alle capacità del candidato, possiamo aggiungere una quantità sconosciuta, detta ϵ_i, che dipende dall'eventualità che il candidato sia in buona forma in quel particolare momento, che la domanda ricada nell'ambito del suo settore di competenza, dall'errore casuale negli strumenti di valutazione o da altre circostanze specifiche. Supponiamo che ϵ_i si collochi casualmente all'interno di una distribuzione normale con una media uguale a zero. I selezionatori, elettori o reclutatori rileveranno la prestazione complessiva ($K_i + \epsilon_i$) di ciascun candidato e sceglieranno il migliore sulla base di quest'unico criterio osservabile, che è una combinazione di talento e fortuna. Se il processo consiste nell'individuazione del massimo di $K_i + \epsilon_i$ in un insieme di candidati, esso tenderà a selezionare i candidati di maggior talento o i più fortunati o quelli che possiedono entrambe le qualità. In una competizione tra numerosi candidati dal talento relativamente omogeneo, le differenze in questo ambito tenderanno a contare poco rispetto alla componente della fortuna. In altre parole, un candidato deve essere assai superiore agli altri per essere sicuro di vincere. E con il crescere del numero dei candidati cresce ulteriormente il ruolo della fortuna.

Il corollario di questa osservazione è che la prestazione del candidato selezionato sarà più spesso deludente che soddisfacente, in quanto la fortuna che lo ha aiutato a sconfiggere gli altri candidati non può essere garantita nel tempo. È persino possibile calcolare, per una data distribuzione della «fortuna», il valore di questa «regressione alla media» (ovvero la quantità probabile di sovrastima del valore del candidato). Ciò permette di giungere a delle conclusioni sui migliori metodi di selezione entro un dato budget, a seconda che vogliamo essere sicuri di non lasciarci sfuggire un candidato eccezionale (nel qual caso condurremo delle interviste anche brevi, cioè sommarie in quanto a classificazione dei risultati, al massimo numero possibile di candidati) ovvero vogliamo garantirci che il candidato vincente non scenda al di sotto di una certa soglia di competenza (nel qual caso è opportuno un esame molto più esauriente di un numero inferiore di candidati, anche se ciò significa una probabilità inferiore di incappare nel genio). Una selezione del vincitore in base a tale test, pur ammettendo un sostanziale errore casuale, darà in media i risultati migliori. In generale, tuttavia, il vincitore di un concorso del genere non sarà buono quanto ci si attenderebbe in base al test.

I capi hanno talenti eccezionali?[13] In che misura individui con una brillante carriera alle spalle e collocati in posizioni di potere sono più dotati dell'uomo comune? Per trovare una risposta a questa domanda in un caso particolare, March e March hanno studiato le carriere dei sovrintendenti (funzionari amministrativi di grado elevato) dei distretti scolastici dello stato americano del Wisconsin, sulla base di dati biografici che coprivano un periodo di 33 anni.

Il modello di evoluzione delle carriere si basava sui seguenti tre plausibili assunti sui successi e fallimenti che si possono riscontrare in una carriera di tipo amministrativo: *a*) in caso di risultati soddisfacenti il sovrintendente conserverà il posto; *b*) in caso di risultati particolarmente negativi, dopo un certo periodo il sovrintendente sarà licenziato; *c*) in caso di risultati particolarmente positivi, dopo un certo periodo il sovrintendente avrà una promozione.

L'osservazione, per 33 anni, di una popolazione di 1.528 individui in tutti i 454 distretti scolastici del Wisconsin dovrebbe permetterci di distinguere tre possibili ipotesi per spiegare le carriere dei sovrintendenti.

La prima ipotesi è che i sovrintendenti siano *più o meno capaci*. La probabilità di risolvere una crisi è proporzionale alle loro capacità, considerate stabili nel tempo. In altre parole, le differenti prestazioni sono dovute a doni innati (e in parte a casualità variabili). La seconda ipotesi è che tutti i sovrintendenti abbiano capacità identiche all'inizio della carriera, ma *migliorino ad ogni sfida successiva*, affrontando una crisi dopo l'altra. In questa ipotesi la conoscenza acquisita prevale sui doni innati, e l'eccellenza viene ricollegata all'esperienza (ma non all'anzianità, in quanto le crisi si verificano in maniera casuale, e alcuni dei sovrintendenti dunque beneficiano di *opportunità di apprendimento* maggiori di altri). Nell'ultima ipotesi, tutti i sovrintendenti hanno capacità equivalenti che non variano nel tempo. Sono e rimangono potenzialmente *uguali*.

Nel periodo di osservazione, alcuni dei sovrintendenti fecero carriere brillanti mentre altri rimasero al loro posto o furono licenziati. Quale delle tre ipotesi è più compatibile con la struttura dei risultati osservati? Il fatto piuttosto curioso è che ciascuna delle tre ipotesi produce risultati totalmente compatibili con la struttura osservata: il modello non ci permette pertanto di decidere tra una e l'altra.

Un processo in cui ciascun individuo viene promosso sulla base dei suoi meriti apparenti può dunque condurre a una grande varietà di carriere individuali, *anche se tutti gli individui hanno capacità assolutamente identiche* e devono la loro prestazione esclusivamente alla fortuna di essere esposti o protetti dalle crisi. In questo campione relativamente ampio, non è possibile provare né smentire che coloro che hanno successo hanno, di media, maggiori capacità innate o acquisite.

Un elemento esplicativo è il fatto che i candidati ingaggiati inizialmente per il primo impiego da sovrintendente già fanno parte di una popolazione selezionata; quanto più ci si avvicina al culmine della carriera, più omogenea si fa questa popolazione, e ogni ulteriore selezione dipenderà dal «rumore» casuale[14].

Da questi dati e da questo piccolo modello possiamo trarre tre conclusioni provvisorie. La prima è che uno dei pochi modi per limitare l'impatto degli errori di selezione (il rumore statistico) consiste nel prolungare il periodo di osservazione, ovvero nell'attendere un periodo più lungo prima di promuovere i manager che conseguono i migliori risultati o di licenziare quelli che deludono[15].

In secondo luogo, diffidare degli eroi! I manager di successo hanno crescenti opportunità di mettere alla prova le loro capacità, con maggiori possibilità di beneficiare di fortunate combinazioni di circostanze; come corollario si ha tuttavia una maggiore possibilità di ottenere risultati deludenti in seguito (è un argomento simile a quello precedente, incentrato tuttavia sugli eventi successivi).

In terzo luogo, i manager in genere otterranno, nella nuova posizione a cui sono stati promossi, risultati peggiori della precedente (la fortuna non opera sistematicamente a loro vantaggio). Ciò confermerà il pregiudizio per cui la nuova posizione è più difficile e impegnativa della precedente, anche se questo non è vero.

La maggioranza dei clienti di prima classe delle compagnie aeree è pertanto convinta di avere capacità superiori alla gente comune, anche se la ragione principale della loro scalata può essere spesso solo una serie di colpi fortunati.

Se non è possibile pervenire a un metodo affidabile per individuare un leader migliore sulla base di test di selezione o valutandone la carriera, esistono tuttavia fattori specifici che possano essere messi in relazione con una futura prestigiosa carriera individuale? La ricerca di tali fattori è in atto da tempo ed è incappata occasionalmente nell'identificazione di fattori statisticamente significativi. Molti dei fattori identificati in singoli studi non sono stati poi confermati da studi successivi. Alcuni fattori (come ad esempio la statura) sembrano statisticamente e invariabilmente significativi, ma non di un ordine di grandezza tale da avere un'importanza pratica. Quelli forse più decisamente rilevanti – nascere in una famiglia abbiente e di sesso maschile – sono probabilmente fin troppo noti e al contempo troppo politicamente scorretti per essere citati.

4. *L'ambiguità del potere*

Il concetto di leadership fa pensare al potere, ma il concetto di potere è limitato. Il potere è difficilmente definibile e misurabile e non conduce a predizioni verificabili. Possiamo affermare, retrospettivamente, che il conquistatore è più potente del conquistato, il che naturalmente è tautologia pura. In breve, il concetto di potere come attributo tangibile e stabile di un individuo è praticamente inutile. È nondimeno un concetto frequentemente usato: il senso del potere è legato all'autostima individuale (il che spesso è un circolo vizioso, in quanto la reputazione di potenza o di debolezza di una persona contribuisce al suo successo o alle sue difficoltà). Il potere suscita desiderio, invidia e celebrazione ma anche repulsione, paura e gelosia. L'ideale democratico richiede che ogni possibile disparità di potere sia giustificata e, se necessario, limitata. Il potere ha una qualità estetica (l'immagine dell'uomo potente che domina la natura o i suoi nemici)[16] che affascina.

Una grossolana definizione del potere è la capacità di ottenere quello che si vuole (o di aiutare altri a ottenere quello che vogliono). A livello economico e *di scambio*, il potere deriva dal controllo di risorse scarse (preziosa merce di scambio) o dall'avere preferenze diverse (aspirare a quello che nessuno vuole). A livello di *scelta collettiva*, in cui una decisione è più o meno la media ponderata delle scelte dei vari partecipanti, la capacità di una persona di ottenere quello che vuole (il potere, secondo la definizione precedente) è collegata al peso di quest'ultima nel processo decisionale (altra definizione del potere) e alla congruenza delle sue preferenze con quelle altrui. Un individuo senza influenza riuscirà comunque a ottenere facilmente la decisione che preferisce se i propri desideri sono in sintonia con quelli della maggioranza. Per quanto tutti concordino che il «potere» di una persona dipende dalle risorse che questa controlla, troppo spesso si finisce per dimenticare l'importanza delle preferenze.

La storia può essere intesa come il continuo progresso del potere dell'uomo sulla natura ma anche come una modificazione permanente della ripartizione del potere tra singoli gruppi e individui in una situazione a somma zero, in cui la sola cosa che conta è la posizione relativa. La brama di potere può essere considerata una caratteristica individuale che varia da una persona all'altra, da una cultura all'altra, da un sesso all'altro. Come la sete di vendetta, l'ambizione o l'amore, essa è potenzialmente insaziabile:

> Le altre donne saziano
> i desideri che esse alimentano, ma ella affama di sé
> laddove più si prodiga... [*Antonio e Cleopatra*, atto II, sc. 2][17]

Per quanto carente come concetto descrittivo o esplicativo, il potere rimane un elemento centrale della storia e delle sue interpretazioni.

Le organizzazioni gerarchiche sono ovviamente dei sistemi per la distribuzione del potere, giustificati dalla loro efficacia a livello di coordinamento delle azioni individuali, nonostante la presenza di altre possibili forme di coordinamento che possono essere il mercato e le reti non gerarchiche. Sono sistemi regolati da norme sociali: se i leader fanno un uso smodato del potere, sono considerati tirannici; se sono troppo umili, sono considerati deboli. I leader si preoccupano dunque di gestire la loro reputazione di detentori di potere, che è un test sia dell'efficienza della loro organizzazione che del loro valore come individui. Si fanno premura di agire ostentatamente come detentori di un potere legittimo, di agire spietatamente contro coloro che contestano la loro autorità e di esibire il loro potere nelle occasioni pubbliche. Per certi versi importanti, la messa in scena e l'interpretazione sono più importanti di qualsiasi risultato tangibile.

Il potere degli individui viene valutato considerando le risorse (la posizione nella gerarchia e la ricchezza), i processi (ovvero, chi partecipa a quale decisione; i modelli di comportamento, come ad esempio il grado di perentorietà o la deferenza con cui le opinioni vengono espresse), i risultati (chi ha ottenuto quello che voleva o chi ha fatto prevalere la propria idea) e gli atteggiamenti degli altri (ad esempio le manifestazioni di rispetto e di timore). Ciascuno di tali aspetti può contribuire alla reputazione di potenza, e un leader cercherà pertanto di controllare più risorse, di organizzare l'agenda delle decisioni, di manipolare le preferenze (proprie e altrui) e di incoraggiare la deferenza nei colleghi.

Ciò può spiegare come mai l'esercizio del potere sia sovente ostentato e ritualistico, e come mai coloro che ne sono privi possano mancare di fiducia in se stessi e anelare a segni di apprezzamento. Le vessazioni inflitte da coloro che detengono il potere servono talvolta a stabilizzare la posizione e la reputazione di cui essi godono. Il potere pertanto distrugge spesso non solo chi non ce l'ha ma anche chi ce l'ha; può corromperne l'umanità e distorcerne i sentimenti e le relazioni interpersonali: gli scambi di informazioni non sono più innocenti e le manifestazioni di rispetto e affetto diventano sospette. Il potere comporta una perdita di autonomia e di libertà, giacché i suoi detentori dipendono da una rete complessa di alleanze, sono più esposti e sono soggetti a un controllo sociale più rigoroso a causa della loro potenza.

Coloro che non hanno potere possono desiderare un leader forte e crogiolarsi nella gloria di appartenere a un'organizzazione o gruppo dominante (in special modo se la ritualità rende possibile confermare periodicamente questo dominio attraverso l'umiliazione delle organizzazioni rivali: ad esempio, sottraendo ai concorrenti le loro quote di mercato, sconfiggendo la squadra del paese vicino o vincendo una guerra). Occasionalmente possono anche sfidare l'autorità, in particolare quando il rischio è minimo e c'è la possibilità di mettere in discussione l'ordine gerarchico stabilito. E quando non contestano l'ordine stabilito, possono tentare di manipolare l'organizzazione con un bluff, agendo come se detenessero un potere e un'autorità superiori a quelli effettivi. Possono formare alleanze con i potenti, generalmente promettendo una deferenza che corrobora lo status della parte dominante in cambio di vantaggi sostanziali quali un ampio grado di autonomia effettiva, ricompense egoistiche o persino potere, sia questo occulto, reale o immaginario.

Benché sia difficilmente misurabile e definibile, il potere svolge un ruolo simbolico che un leader non può permettersi di trascurare. Il leader deve comprendere i sentimenti ambivalenti – attrazione ma anche repulsione – che esso genera. Si pensi ad esempio al fascino che suscita la bellezza primordiale di un esercito in marcia o di un'organizzazione efficiente, o l'esaltazione di sentimenti primitivi, che travalicano i limiti della buona educazione quotidiana, nei combattimenti o nelle prove di forza; e alla condanna che esprime nei confronti di tutto ciò una società che aspira a una certa eguaglianza e a rapporti ben regolati, alla rabbia dei deboli timorosi e umiliati, e alla paura dei forti che temono di perdere il proprio potere (o di vedere i rapporti personali corrosi dalle posizioni di privilegio che detengono) e sono condannati al sospetto e a fare cose che non vorrebbero fare. Alcuni cercano il potere, altri lo temono, altri ancora lo cercano e lo temono. Coloro che ne fanno esercizio con meno difficoltà sanno valutarne i piaceri assieme ai pericoli e cercano di minimizzarne gli aspetti negativi aspirando a instillare entusiasmo anziché a incutere paura e a governare con gentilezza e cortesia. Tutti riconoscono persone del genere come leader, e già questo può essere motivo di risentimento, cosicché essi devono imparare a gestire le reazioni negative che sono inevitabili al di là delle intenzioni più benevole.

Possono esserci sostanziali trasformazioni in questo ambito? I nostri più profondi convincimenti sul dominio e sulla subordinazione, sulla gerarchia e sul ruolo essenziale dei leader rendono difficile immaginare un cambiamento, a maggior ragione in quanto essi sono fattori di stabilità sociale. Per ipotizzare dei cambiamenti, dovremmo rivedere le nostre idee su un ordine fondato sulla presenza dominante dei leader e su un braccio di ferro incessante tra interessi contrastanti. Dobbiamo riconoscere i meriti dell'ordine attuale: la sua efficienza, la sua talora perversa bellezza (gli elementi di bellezza che si ritrovano nella guerra e nella violenza, nell'affermazione dell'autorità, nella dipendenza e nella schiavitù, nel pericolo e nell'umiliazione, sia inflitti che subiti). Possiamo tuttavia immaginare un mondo che dia meno importanza ai rapporti di forza e cerchi di conseguire un'efficienza simile a quella di un'organizzazione gerarchica rispettando la dignità di tutti i suoi membri, a prescindere dal ruolo[18].

5. *L'ordine sociale*

La leadership è parte integrante di un sistema sociale che definisce un ordine sociale. L'ordine sociale descritto da Tolstoj in *Guerra e pace* differisce da quello cui sono abituati i cittadini contemporanei delle democrazie occidentali per l'importanza dei legami familiari nelle esistenze individuali. La famiglia non è un ambito privato ma la pietra angolare dell'ordine sociale, e il matrimonio è uno strumento per confermare o migliorare la propria posizione in termini di prestigio e ricchezza. La posizione di Pierre – figlio illegittimo dal rango ambiguo – cambia in maniera radicale nel momento in cui beneficia di un'eredità e diventa il conte Bezuchov. L'importanza delle conversazioni da salotto nasce più dal fatto che vengono ribadite le rispettive posizioni degli interlocutori che dall'argomento discusso, proprio come accade per gran parte degli incontri e delle sedute di commissione che si svolgono nelle odierne organizzazioni. Tolstoj critica la Russia sia per l'incompetenza dei suoi leader – addebitata in parte a una selezione basata su criteri legati alla famiglia – che per l'esistenza artificiale condotta dall'aristocrazia urbana, messa a confronto con i valori «autentici» dei contadini e delle campagne. L'ordine sociale è respinto in nome della razionalità da Pierre e Andrej, in nome della fede da Marja e Platon Karataev, per eccesso di incompetenza da Dolohov e Denisov, per la limitazione del piacere da Nataša. Nonostante ciò *Guerra e pace* non è un libello a favore della ribellione. I personaggi cui Tolstoj accorda il proprio favore tendono a essere coloro che, pur facendo parte del sistema esistente, sviluppano un grado di indipendenza personale dai suoi aspetti più artificiosi ma sanno apprezzarne con indulgenza gli occasionali lati fascinosi (i salotti, i balli, l'opera).

In *Guerra e pace*, l'ordine sociale russo basato sull'aristocrazia e sulle tradizioni familiari è contestato sia da un ordine moderno fondato sulla scienza e sull'intelligenza, personificato da Pierre e da Andrej, che dalla comparsa di istituzioni nuove i cui rappresentanti sono Denisov, Dolohov e Berg. L'ordine sociale cambia lentamente, più lentamente della capacità di adattamento degli individui.

Riguardo all'ordine sociale e alle reazioni individuali ad esso, tuttavia, il dato più notevole del romanzo è la sua ambivalenza. *Guerra e pace* esibisce, da un lato, il rifiuto tolstojano dell'artificiosità dell'alta società russa, accompagnato dall'ammirazione dell'autore per la genuina vita contadina vissuta sulla terra; dall'altro, la sua empatia per le bellezze e i lati incantevoli della vita che pure condanna. Benché le virtù acclamate siano quelle che impongono di rifuggire la tirannia delle artificiosità civilizzate, il libro ritrae con passione le genuine attrattive del vizio e suggerisce che la virtù ha veramente senso solo per chi abbia gustato i piaceri del peccato.

Così, Nataša condanna quello che scopre all'opera (parte V, cap. 8), dove rimane sia scandalizzata che divertita dalle persone presenti, ma ne è anche sedotta, diventa consapevole del proprio potere di seduzione e infine si lascia manipolare da Hélène e Anatole. *Guerra e pace* proclama l'impossibilità per la maggior parte delle persone di sfuggire alla corruzione sociale, ma afferma possibile raggiungere un certo grado di saggezza basato sulla mancanza di fede sia nelle verità conclamate che nelle grandi attese, nonché su una capacità di condurre un'esistenza semplice e di adempiere in maniera efficace ai propri doveri quotidiani. Scorgiamo qui una rassegnazione a una virtuosa mediocrità, coerente con il destino che attende Nikolaj e Nataša alla fine del romanzo, allorché gli incanti spesso artificiali della vita vengono sacrificati alla sobrietà e alla saggezza della maturità. Ma il romanzo presenta anche, alla fine, il figlio di Andrej con l'entusiasmo e l'energia di chi sta per avviare un nuovo ciclo di speranze e delusioni.

Note

[1] Queste idee sono state sviluppate, in particolare, nel modello del «cestino dei rifiuti»: cfr. T. Weil, *Invitation à la lecture de James March*, Paris, École des Mines, 2000, p. 42 e M.D. Cohen, J.G. March e J.P. Olsen, *A garbage can model of organizational choice*, in «Administrative Science Quarterly», 17, 1972, pp. 1-25; trad. it. *Un modello di scelta organizzativa a «cestino dei rifiuti»*, in J.G. March, *Decisioni e organizzazioni*, Bologna, Il Mulino, 1993, cap. 11. Vedi anche J.G. March, *A Primer on Decision Making*, New York, Free Press, 1994; trad. it. *Prendere decisioni*, Bologna, Il Mulino, 1998, cap. 5.

[2] T.S. Eliot, *Il canto d'amore di J. Alfred Prufrock*, in *Poesie*, a cura di Roberto Sanesi, Milano, Bompiani, 1961, pp. 90-101. Questa lunga opera in versi è stata letta nella sua interezza durante il corso.

[3] Questa definizione di romanticismo potrebbe risultare sconcertante. L'atteggiamento romantico consiste nell'apprezzare la bellezza del mondo e degli esseri umani così come essi sono, accettando la ricchezza delle contraddizioni umane e delle passioni oscure e caotiche. Allo stesso modo, in una «teoria comportamentale dell'azienda», invece di partire da un modello normativo del comportamento razionale del decisore, March descrive il comportamento osservato nelle organizzazioni e cerca di comprendere fino a che punto è intelligente ed efficiente; dunque costruisce un discorso basato sulla realtà osservata (e meditata) anziché l'inverso. Corneille ci impartisce lezioni sulla condizione umana, mentre Victor Hugo e Shakespeare la mettono in mostra con benevolenza e indulgenza.

[4] Weil, *Invitation à la lecture de James March*, cit., p. 48 e J.G. March, *The technology of foolishness*, in «Civiløkonomen», 18 (4), 1971, pp. 4-12; trad. it. *Tecnologia dell'insensatezza*, in J.G. March, *Decisioni e organizzazioni*, Bologna, Il Mulino, 1993, cap. 9.

[5] Benché Tolstoj fosse particolarmente incline alle digressioni filosofiche, il punto di vista del narratore onnisciente che guarda con ironia alle reazioni dei suoi personaggi è caratteristico di molti romanzi classici (ad esempio Balzac, Stendhal e Hugo).

[6] «L'essenziale, quando si comanda, è di prendere una decisione, qualunque essa sia. Dapprima si ha timore, poi, a poco a poco, con l'esperienza, ci si accorge che in un modo o nell'altro sarà lo stesso», scrive Jean Anouilh nell'*Allodola*, opera su Giovanna d'Arco (J. Anouilh, *Commedie rosa e nere*, Milano, Bompiani, 1961, p. 159).

[7] L. Tolstoj, *Guerra e pace*, a cura di Igor Sibaldi, 4 voll., Milano, Mondadori, 1999, p. 1205.

[8] Per «irrilevanza» si intende l'assenza della possibilità che un individuo possa agire in modo significativo, ovvero contribuire con una qualsiasi garanzia di successo alla trasformazione di quel mondo per renderlo migliore o più accettabile.

[9] *Guerra e pace*, cit., p. 605.

[10] Questo paragrafo non è stato ricavato dagli appunti originali del corso bensì da articoli pubblicati altrove (J.C. March e J.G. March, *Performance sampling and social matches*, in «Administrative Science Quarterly», 23, 1978, pp. 434-453; J.R. Harrison e J.G. March, *Decision making and post-decision surprises*, in «Administrative Science Quarterly», 29, 1984, pp. 26-42; trad. it. *Processo decisionale e sorprese post-decisionali*, in J.G. March, *Decisioni e organizzazioni*, Bologna, Il Mulino, 1993, cap. 8), nonché in un articolo di T. Weil, *À quoi sert le chef: la modélisation subversive chez James March*, in E. Godelier (a cura di), *Penser l'organisation*, Paris, Hermes, 2003.

[11] J.G. March e J.P. Olsen, *Democratic Governance*, New York, The Free Press, 1995; trad. it. *Governare la democrazia*, Bologna, Il Mulino, 1997.

[12] Harrison e March, *Processo decisionale e sorprese post-decisionali*, cit.

[13] March e March, *Performance sampling in social matches*, cit.

[14] «Rumore» è un termine in uso presso fisici e statistici per denotare una variazione casuale in qualcosa che è sotto osservazione e che conduce a un obnubilamento del «segnale» misurato. La prestazione di un candidato in un test di selezione è pertanto il risultato della sovrapposizione di un segnale (la parte del risultato che rivela le capacità intrinseche del candidato) e di un rumore (fluttuazioni casuali della prestazione dovute, poniamo, al fatto che il candidato si trova o no nella forma migliore, che l'argomento in discussione gli è più o meno familiare, ecc.).

[15] Se i risultati non dipendono dalle capacità del leader, questo lusso precauzionale è ovviamente inutile, ma cambiare il leader è altrettanto futile.

[16] Si pensi a tutte le storie di guerra che esaltano la potenza degli eroi, dall'*Iliade* ai western e in genere ai film di Hollywood.

[17] W. Shakespeare, *Antonio e Cleopatra*, trad. it. di Aurelio Zanco, Firenze, Sansoni, 1977.

[18] Questo tema viene ulteriormente sviluppato nel quarto capitolo.

IV.

Genere, sesso e leadership

1. *Il genere della leadership nelle organizzazioni*

Con poche, rare eccezioni (come la Russia del Settecento, quando il trono fu spesso occupato da donne), gli uomini sono sovrarappresentati nelle posizioni di responsabilità, anche se in epoca contemporanea abbiamo visto un modesto tentativo di riequilibrio (Margaret Thatcher, Cory Aquino, ecc.)[1].

Le norme sulle organizzazioni sono dunque dominate da valori maschili, che naturalmente sono in costante evoluzione. Numerosi esperimenti psicologici e osservazioni sociologiche mostrano che la mascolinità si raggiunge attraverso la sfida all'autorità e la lotta per il potere contro altri uomini, nel combattimento fisico o nel suo equivalente simbolico:

- gli uomini optano più facilmente delle donne per strategie di competizione e confronto;
- gli uomini, a differenza delle donne, trovano stimolante una situazione competitiva;
- gli uomini hanno più spesso delle donne conflitti con le autorità (scuola, criminalità, popolazione carceraria, ecc.);
- i giovani maschi hanno più spesso esperienza di fiaschi seguiti da lotte per il successo;
- i giovani maschi prediligono giochi e comportamenti aggressivi;
- nei gruppi di giovani maschi è presente un atteggiamento aggressivo sia nei confronti dei nuovi entrati che da parte dei nuovi entrati che cercano riconoscimento dal gruppo;

- un uomo deve nascondere i propri sentimenti e le emozioni («i veri uomini non piangono»).

Le organizzazioni presentano tutte le caratteristiche delle bande maschili, anche se la violenza fisica vi è proibita e rimpiazzata dalla competizione verbale ed economica e dalla rivalità professionale che ha per premio la promozione. Le donne spesso accentuano questa situazione giudicando gli uomini sulla base dello status che acquisiscono nella competizione con altri uomini. Lo status di un uomo è determinato dalla posizione che detiene in rapporto ad altri uomini; la sua posizione di potere rispetto alle donne generalmente è poco importante, forse perché data per scontata ma anche perché non rilevante per le gerarchie maschili.

Le difficoltà che le donne incontrano all'interno delle organizzazioni sono quelle di qualsiasi gruppo minoritario la cui cultura è estranea alle norme locali. Gli uomini sono spesso inconsapevoli delle proprie norme e pertanto insensibili ai problemi che esse pongono alle donne. Queste ultime, avendo meno potere o possibilità di sfidare le autorità costituite, adottano un comportamento sottomesso, bluffano o si alleano con gruppi minoritari o marginali.

I romanzi romantici, scritti in generale dalle donne per le donne (pensiamo ad eminenti scrittrici come Emily Brontë e Doris Lessing, ad esempio), documentano un'interessante teoria delle aspettative femminili. Vi è di solito un incontro tra un uomo e una donna che ha esiti deludenti; l'uomo è freddo, ostile e altero; i due si separano e l'uomo si rende conto di essere innamorato della donna; questa ripensa alla sua freddezza e vi scorge il segno del suo amore; lui la convince che l'ama e i due finiscono per riunirsi. La donna è intelligente e indipendente, una lottatrice, e l'uomo è forte e gentile; l'eroe può essere aggressivo se lo è per amore o se la sua aggressività è rivolta contro il mondo esterno, ma non può mai essere timoroso; l'eroina ottiene quello che vuole ma l'uomo conserva la sua dignità. L'eroina teme di subire prepotenze ma anche di essere abbandonata; il personaggio maschile forte ma sensibile la rassicura. In breve, questi romanzi descrivono la voglia di autonomia e di realizzazione delle donne in un mondo in cui queste non gestiscono il potere in maniera diretta: rifiutano di farsi dominare e riescono persino a indurre l'uomo che hanno scelto a inginocchiarsi davanti a loro. Anziché dover scegliere fra un tiranno e un debole immaginano un uomo dominante e potente nel mondo degli uomini, ma sottomesso ai loro desideri (forte ma gentile; virile ma attento; protettivo ma tenero, ecc.).

Mentre l'educazione prepara gli uomini soprattutto alle strategie di tipo competitivo, le donne sono meglio preparate alle strategie relazionali. Una strategia di questo tipo minimizza l'importanza dei giochi di potere nei rapporti con i capi. Dobbiamo osservare che la relazione tra un capo e i subordinati è per sua stessa natura poligamica (a differenza della relazione dei subordinati con il loro capo) e comporta che il capo faccia concessioni di tipo sostanziale in cambio di segni di deferenza. La connotazione poligamica può contribuire alla riprovazione sociale che sanziona gli elementi sessuali contenuti in questo tipo di relazione.

Lo stile femminile di management, meno orientato alla dominazione, viene spesso considerato in termini dispregiativi da una cultura maschile (si pensi alle critiche contro l'«indecisione» di Cory Aquino). Schematicamente, le differenze di stile sono di solito descritte come indicato nella seguente tabella:

TAB. 4.1. *Differenze di stile tra uomini e donne*

Uomini	Donne
Gerarchia	Connessioni e deferenza
Divisione del lavoro	Relazioni personali
Razionalità strumentale	Ragionamento contestuale
Chiara demarcazione del territorio	Confini labili
Dominio sul gruppo	Linguaggio e azione che creano legami

Alcune delle caratteristiche femminili sono da ricollegarsi a uno status non elevato e sono possedute anche da uomini che si trovano in situazioni di debolezza, mentre donne in posizione di forza spesso adottano uno stile considerato mascolino. Altre sono più direttamente legate all'identità sessuale: le donne in posizioni forti conservano caratteristiche femminili mentre gli uomini in posizioni subordinate evidenziano comunque atteggiamenti maschili.

La delega e la fiducia reciproca, accompagnate da una concezione dell'unitarietà del processo, permettono agli individui di svolgere i propri compiti tenendo in considerazione i vincoli posti dagli altri membri dell'organizzazione. La fiducia reciproca si basa su un concetto condiviso delle finalità dell'organizzazione, con le quali si identificano individui orgogliosi di appartenervi e soddisfatti del riconoscimento simbolico che ricevono dall'organizzazione stessa.

Un coordinamento non invasivo comporta che ciascuno sia informato della situazione complessiva, venga addestrato a reagire con proprietà in ogni circostanza e si senta fiducioso di poter prendere iniziative immediate. Esso richiede una tolleranza dell'errore che eviti il pericolo di scoraggiare utili sperimentazioni a livello locale. Una dispersione delle competenze e delle iniziative, mantenuta in sintonia con la funzione di coordinamento attraverso reciproci aggiustamenti, consente reazioni efficienti ed evita il ricorso a costose consulenze o a controlli di tipo gerarchico[2]. Qui non risulta necessario né utile lo stile eroico di leadership. L'enfasi sullo spessore della competenza organizzativa riecheggia le idee dell'eminente capitano d'industria Alfred P. Sloan, le cui procedure manageriali miravano a garantire che la General Motors dipendesse non da poche figure miracolose ma dal funzionamento di capi divisione competenti e dediti al loro lavoro.

Le qualità richieste per coordinare le organizzazioni in maniera non invasiva, promuovendo nel contempo la fiducia reciproca e il riconoscimento individuale, sembrano più «femminili»[3] di quelle che correntemente riconosciamo a un leader-eroe.

È prevedibile un'evoluzione del modello sessista degli stili di leadership? È possibile che le strategie dei deboli siano più utili per il gruppo nel suo complesso di quanto lo sia il comportamento di alcuni individui dominanti. Quest'ultimo è frustrante per innumerevoli donne, quasi certamente svantaggioso per la società nel suo complesso e moralmente sgradevole. Anche qui possiamo parlare di atteggiamenti idealistici, realistici e romantici. L'idealista nutre un entusiasmo nostalgico per l'ordine tradizionale e cerca di riprodurre con la massima precisione possibile, magnificando il fascino dei gruppi maschili, la gerarchia, la specializzazione secondo linee sessuali e la competizione per il potere. *Guerra e pace* è una testimonianza delle attrattive di questo vecchio ordine, pur rifiutato.

Il realista cerca di preparare le donne, attraverso un'educazione «bilingue» che permetta loro di padroneggiare i codici maschili prevalenti, alle regole competitive vigenti in strutture sociali nocive (anche indirettamente) alle carriere professionali femminili (ad esempio, laddove si obbligano i candidati alle scuole di economia a possedere significative esperienze professionali, requisito penalizzante per le giovani madri).

Infine, il romantico tenta di trasformare le pratiche esistenti, in particolare affermando l'utilità per l'organizzazione degli stili femminili di leadership, di cui vengono messi in risalto la migliore comprensione del contesto, una tolleranza della complessità, dell'ambiguità e dell'incoerenza, un approccio più umano e meno autoritario, e strategie di cooperazioni flessibili contrapposte alla competizione aperta. In assenza di un cambiamento di approccio tale da determinare una rottura degli schemi che descrivono il mondo in termini di rapporti di potere e di dominio, le donne che si trovano cooptate in un sistema imperniato su norme maschili finiscono per subire la frustrazione di dover sacrificare certi aspetti della loro femminilità. Esse sono tuttavia il cavallo di Troia del cambiamento e grazie al loro bilinguismo spesso riescono a sfruttare in maniera efficace opportunità che sfuggono ai colleghi maschi. Il mondo sta cambiando, ma la nostra ideologia ufficiale cammina più spedita di quanto non faccia il reale funzionamento delle nostre organizzazioni. O forse questa ipocrisia è, come spesso accade, uno strumento per indurre una reale trasformazione[4].

2. *Sessualità, organizzazioni e leadership*

La sessualità è presente sotto molteplici forme nelle organizzazioni. Lasciando da parte gli atti esplicitamente sessuali, il funzionamento dell'organizzazione trae alimento da una gamma di atteggiamenti, immaginazioni e interpretazioni sessuali che si ripercuotono sulla vita quotidiana. Le organizzazioni si preoccupano di sanzionare gli atti inaccettabili di aggressione e molestia sessuale, ma chi studia le organizzazioni e la leadership tende a ignorare altri aspetti della sessualità[5].

2.1. *Fantasie private e controllo sociale del comportamento*

È stato detto che il principale organo sessuale è il cervello, e questo presumibilmente perché un ruolo essenziale nella sessualità è svolto dall'immaginazione. Il mondo del sesso fantasticato costituisce un'evasione dalla vita reale che può essere considerata perniciosa o eccessivamente invasiva: se, ad esempio, un oggetto sessuale è qualcuno che provoca un orgasmo a un dormiente, ci si potrebbe chiedere che cosa dà a una persona il diritto di evocarne un'altra in sogno. Ma il mondo del sesso fantasticato è comunque una fonte di piacere che arricchisce la vita, dà energia, stimola la creatività e dà gioia.

L'espressione e la raffigurazione della sessualità ubbidiscono a norme sociali e ideologiche vincolanti ma anche in perpetua evoluzione (e, come il gergo degli adolescenti, invariabilmente oscure per la generazione precedente). Termini come «stupro» o «aggressione sessuale», che suscitano forti reazioni a livello emotivo, coprono oggi comportamenti che un tempo non sarebbero stati definiti con simili espressioni. Ciò ha effetti ambigui in quanto da una parte allarga l'ambito di ciò che è riprovevole, dall'altro banalizza l'orrore evocato dall'uso precedente di quelle stesse parole. Un altro esempio è l'espressione «amante sensibile», che tradizionalmente indica un partner attento ai bisogni e ai desideri dell'altro e incline ad adattare a quelli il proprio comportamento, ma che oggi tende a denotare un uomo o una donna che agisce e parla in maniera stereotipata per dimostrare una generica disponibilità ad adattarsi ai presumibili desideri del sesso opposto; cioè una persona che non ha alcuna sensibilità nei confronti delle specifiche esigenze di un particolare partner. La sensibilità è più ostentata che messa in pratica, in quanto segno ideologico e cinica risposta a una domanda sociale.

Le organizzazioni, anche solo per la mera quantità di tempo che vi si trascorre e per le numerose opportunità che danno di incontrare e interagire profondamente con altre persone, sono un ambiente naturale per l'espressione e la strutturazione della sessualità. In tale contesto, tuttavia, uomini e donne esprimono la loro sessualità in maniera differente; gli uomini parlano più sovente di sesso e sono più inclini a mettere in mostra la propria eterosessualità.

Le regole sociali sono la cornice in cui si colloca la sessualità all'interno delle organizzazioni. Gli effetti degli impulsi sessuali possono essere disgreganti rispetto al contesto normativo, oppure essere di supporto alla normale integrazione. La repressione di manifestazioni o comportamenti a sfondo sessuale è tanto più probabile quanto più essi si pongono come potenziale minaccia all'ordine sociale. Inversamente, quanto più i vertici delle organizzazioni reprimono atti o atteggiamenti di tipo sessuale, tanto più la loro ostentazione può diventare un modo di sfidare l'autorità in nome della libertà, di subculture devianti o di gruppi di età. Gli atteggiamenti sociali che entrano in gioco oscillano tra emozioni contraddittorie:

- la *fascinazione*, una patologia legata allo sviluppo delle scienze sociocomportamentali, alla società contemporanea in generale o a una particolare società;
- la *repulsione* di fronte a una dipendenza considerata contraria all'igiene (più o meno come il fumo, tanto per fare un esempio) o al buon gusto (come disse Lord Chesterfield, il piacere è momentaneo, la posizione ridicola, la spesa disdicevole);
- l'*entusiasmo* per la sessualità come manifestazione di gioia di vivere.

Nella società americana, democrazia politica impregnata di fondamentalismo religioso, il risultato caratteristico è una tradizionale combinazione di libertà e pudore[6]. Da un lato abbiamo una glorificazione dei sentimenti più fini e un rispetto formale della libertà individuale, dall'altro una vigilanza sociale il cui obiettivo è la punizione dei peccatori. Tutto ciò conduce a un atteggiamento alquanto ipocrita nei confronti del peccato, oggetto di pubbliche condanne e privati entusiasmi. Nella cultura americana, di conseguenza, venire a patti con la sessualità e godere del sesso significa rischiare di incappare in delusioni, nella disapprovazione altrui e in un sentimento di riprovazione interiore.

Le organizzazioni sono parte integrante della società ma nello stesso tempo sono protette dalle sue pressioni normalizzatrici dalla volontà dei suoi membri di rispettare e applicare specifici codici organizzativi, che in parte si sostituiscono alle regole sociali complessive. Poiché le organizzazioni sono strutturate in termini di rapporti gerarchici e di potere, gli aspetti della sessualità connessi con il potere svolgono un ruolo preminente. Gli uomini potenti diventano anche sessualmente attraenti e gli scambi di natura sessuale ne confermano il potere.

2.2. *Molestie sessuali*

L'accentuata sensibilità moderna al problema delle molestie sessuali ne ha ridotto la frequenza ma le ha rese più visibili. È questa una caratteristica di tutti i comportamenti criminali additati all'attenzione del pubblico: da un lato registriamo un calo del numero dei casi oggettivamente verificati, dall'altro un incremento del numero delle denunce. L'attenzione della società è stimolata dal dilagare di comportamenti reprensibili, ma da qui nasce una pubblicità che insidiosamente favorisce altri comportamenti reprensibili.

Le organizzazioni sono esposte a questo problema per l'importanza che la posizione gerarchica assume nel controllo delle risorse, per la posizione di potere dominante dei maschi e per il ruolo centrale del sesso come motivazione oppure come risorsa. La molestia è espressione del dominio del forte sul debole. Pertanto si inserisce in una modalità operativa ordinaria delle organizzazioni, dove i forti umiliano quotidianamente i deboli in conformità a modelli inculcati da norme maschili, estendendola però ad un ambito che solitamente è sotto la protezione di restrizioni sociali. Il sesso è in effetti un'area culturalmente sensibile e lo scambio sessuale non è considerato alla stessa stregua degli altri tipi di scambio. Esso fa parte della dimensione privata e personale e quindi sfugge alla sfera di controllo dell'organizzazione. Gli standard contemporanei di accettabilità e decenza del comportamento condannano le molestie senza mezzi termini, ma i tradizionali modelli femminili di educazione e socializzazione inducono molte donne ad accettare una realtà, per quanto sgradevole, che ritengono inevitabile. In un mondo maschile in cui la prestanza sessuale è segno di potere e il dominio sessuale una prerogativa del potere, il più delle volte sono in ballo questioni di potere anziché sessuali.

Per contrastare il problema delle molestie sessuali sono state adottate misure protettive sia normative che regolamentari; nelle università, ad esempio, le regole sul comportamento accettabile nelle relazioni tra docenti e studenti mirano a proteggere le donne dalle pressioni maschili. Naturalmente, così come abbiamo imparato a prestare attenzione alla vulnerabilità della vittima potenziale di intimidazioni e umiliazioni, abbiamo anche imparato, contemporaneamente, a prestare attenzione alla vulnerabilità dell'accusato, giacché il comportamento può essere ridefinito retrospettivamente e un'accusa può determinare penalizzazioni sociali quasi altrettanto serie di quelle previste in caso di colpevolezza dimostrata.

Benché non ci siano dubbi su molti atti che rientrano nella fattispecie delle molestie sessuali, non è facile tracciarne i confini esatti. Una posizione estremista prevede che tutto ciò che viene percepito come molesto è molestia. È un criterio che ispira prudenza a un molestatore potenziale, ma di dubbia validità giuridica. È come se dicessimo che tutto quello che si ritiene ingiusto è ingiusto. Una posizione più equilibrata consiste nel prevedere che persone «ragionevoli» decidano, sulla base del buon senso, cosa costituisce atto molesto. Questa è la prassi in molti sistemi giudiziari e ha i suoi meriti, accanto alle sue ambiguità. È un principio tuttavia più difficile da mettere in pratica allorché i sottogruppi sociali – in questo caso, uomini e donne – hanno culture così diverse da non riuscire ad accordarsi su quello che è «ragionevole». Ciò spinge ad adottare una posizione più formalista, che consiste nell'elaborare in maniera prescrittiva un elenco determinato di azioni reprensibili – ma ciò a sua volta crea un impianto valutativo molto rigido in un ambito in cui gli elementi di ambiguità sono numerosi e l'elemento cruciale è il contesto. Si corre pertanto il rischio di condannare pratiche che vengono ammesse in molti contesti (come il bacio) e di lasciarsi sfuggire comportamenti più perniciosi.

2.3. *Relazioni sessuali*

Le normali relazioni sessuali si distinguono dalla molestia sessuale per la loro natura consensuale bilaterale, vale a dire per l'elemento di reciproco consenso. Il concetto stesso di consenso è però fortemente ambiguo, come è ben noto dalle discussioni sul «consenso informato» in ambito medico e legale. La sottigliezza del processo di seduzione non fa che accentuare questa ambiguità. L'idea di consenso presuppone che le persone coinvolte sappiano esattamente quello che vogliono, mentre nella realtà i loro desideri possono essere nebulosi, mutevoli e influenzati dalle circostanze. Il problema si complica ulteriormente quando il consenso viene valutato retrospettivamente, a volte anche molti anni dopo l'accaduto. La memoria spesso è influenzata dall'umore che un individuo ha nel momento in cui cerca di rievocare lo stato d'animo con cui ha vissuto un evento passato, ed è chiaramente viziata da una razionalizzazione retroattiva. La questione già poco chiara del consenso si oscura ulteriormente nel momento in cui entrano in gioco relazioni socialmente meno approvate, come ad esempio rapporti omosessuali in organizzazioni caratterizzate da norme tradizionalmente eterosessuali.

Una società liberale non tollera generalmente restrizioni agli scambi tra individui pienamente consenzienti, che sono considerati fondamentali per una vita libera in società e uno strumento di miglioramento individuale. La natura stessa dello scambio rende però problematico il concetto di «consenso». Quale tipo di scambio non è, più o meno, condizionato? Chi non preferirebbe conservare, possibilmente, quello che sta per cedere, anche se ciò che riceve in cambio corrisponde maggiormente ai suoi desideri? Se lo scambio è un fondamento legittimo dei rapporti sociali, come possiamo condannare lo scambio interessato di amicizia o di favori sessuali? Questi ultimi costituiscono una risorsa particolarmente importante per chi non ne possiede molte altre. La concessione di favori sessuali in cambio di favori economici è lo zoccolo su cui poggia il matrimonio tradizionale in un mondo in cui le donne sono in gran parte tagliate fuori dalle risorse economiche. L'amore ovviamente trascende questo concetto di scambio, anzi ne è l'antitesi; tuttavia il matrimonio come relazione socialmente determinata è, solitamente, finalizzato all'instaurazione e al mantenimento di un equilibrato rapporto di scambio tra marito e moglie. Analogamente, lo scambio tra favori sessuali e vantaggi organizzativi è un fatto comune, e sono le donne, per via della posizione tradizionalmente ricoperta, a fare concessioni di tipo sessuale a uomini che controllano le risorse dell'organizzazione.

Questo tipo di scambio rappresenta un problema per chi manca delle risorse necessarie (uomini privi di potere e donne prive di attrattive fisiche), per chi può contare su risorse di tipo diverso per raggiungere i propri obiettivi (uomini affascinanti di per sé o donne competenti che si guadagnano i favori dell'organizzazione grazie ai loro talenti organizzativi) e, infine, per chi condanna tali scambi per ragioni di ordine morale. La riprovazione morale colpisce lo scambio alla base dei rapporti sessuali in quanto intrinsecamente degradante, e in quanto il valore dell'intimità sessuale deriva in parte proprio dalla sua indipendenza dalla sfera dello scambio di tipo finanziario. (In un ambito diverso, ci sono stati donatori di sangue volontari che hanno smesso di donare il sangue non appena è stata introdotta una remunerazione finanziaria.)

È altresì possibile invocare un diritto inalienabile che ci fa guardiani o rappresentanti, e mai proprietari, di risorse quali i diritti politici, i figli, le responsabilità all'interno di un'organizzazione, la moralità e forse anche le scelte sessuali. Commerciare qualcosa che è posto sotto la nostra tutela, e di cui siamo responsabili (le risorse di un'organizzazione, la propria integrità sessuale) equivale pertanto a una forma di corruzione.

Tutte queste considerazioni legittimano, all'interno delle organizzazioni, il controllo delle relazioni sessuali, anche quelle apparentemente consensuali, così come la gestione delle risorse dell'organizzazione è disciplinata in modo da scoraggiare la corruzione e l'estorsione e certi tipi di prepotenze vengono vietati per difendere la dignità personale da pratiche umilianti.

2.4. *Comportamenti sessuali ambigui*

Il significato di un particolare comportamento risente delle modalità espressive che variano da una cultura all'altra e del contesto interpretativo che evolve nel tempo. È grazie all'esperienza, dunque, che riusciamo a comprendere che un comportamento dei nostri insegnanti o superiori un tempo parsoci oppressivo in realtà era professionalmente appropriato, e che riusciamo a scoprire il fascino di cose che ci sembravano prive di interesse, come il balletto o la contabilità. Grazie alla distanza e all'esperienza i severi castighi subiti ad opera dei genitori possono diventare un atto d'amore, un flirt con un collega può tramutarsi in molestia sessuale, gli eccessi di una serata di bisboccia diventano vergognosi e umilianti.

Nel campo della sessualità tutti questi problemi si intrecciano, in particolare laddove alcuni aspetti risultano importanti in una cultura e irrilevanti in un'altra. Le cose procedono con meno intoppi quando le persone con più potere sono particolarmente attente ai problemi e ai sentimenti di coloro che hanno meno potere. In generale, dunque, nella maggioranza delle situazioni organizzative gli squilibri di potere richiedono un maggiore sforzo di sensibilità agli uomini che alle donne.

Un'ulteriore difficoltà proviene dalla rilettura del passato. Definiamo lodevole e gentile l'atteggiamento di chi si fa carico delle reazioni altrui ed è attento al manifestarsi dei primi segni di disagio o di sofferenza, ma sappiamo che ciò è impossibile quando questa sofferenza affiora in un secondo momento, allorché le persone cambiano idea sulle cose che un tempo avevano accettato o persino incoraggiato. Le interpretazioni retrospettive maturano in funzione delle necessità di autostima, delle ambizioni e dei desideri di rivalsa; metterle in conto in anticipo equivale spesso a invocare un totale immobilismo.

2.5. *La sessualità del leader*

I leader di sesso maschile devono tener conto di queste difficoltà. Non possono pretendere di vivere in un ambiente «autentico» in quanto gli atteggiamenti, i sentimenti e la ricettività delle persone con cui entrano in contatto sono sostanzialmente alterati dalla loro posizione di potere. In ambito sessuale il potere è un afrodisiaco; ma l'attrattiva sessuale dei leader sbiadisce (nella realtà come nel ricordo) assieme al potere.

L'effetto afrodisiaco del potere nasce dal fatto che gli aspetti più banalmente finanziari dello scambio tra protezione e favori sessuali si sono integrati in maniera assai sofisticata con le norme sociali e psicologiche sulla sessualità, cosicché il piacere sessuale maschile si lega spesso a un riconoscimento del potere maschile da parte della partner e a un atteggiamento di protezione del maschio nei suoi confronti. Ciò ci riporta alla precedente discussione delle fantasie femminili su un uomo forte e protettivo nei romanzi romantici. In un mondo maschile la competizione sessuale costituisce una ragione per lottare per il potere, che discende dall'atteggiamento delle donne nei confronti del potere stesso. La reputazione sessuale di un uomo dipende fondamentalmente da quanto fascino esercita sulle donne che gli piacciono. Il potere non è sessualmente appagante alla stessa maniera per gli uomini e per le donne, il che spiega in parte perché gli uomini lottano più spesso per il potere ma le donne lo gestiscono meglio: per queste ultime l'esperienza del potere non si salda in maniera altrettanto forte con le gioie, i piaceri e i dolori del sesso.

Cosa succede quando il leader è donna? Il fatto che le donne conseguano più sovente posizioni di potere grazie ai loro meriti potrebbe rendere meno utili le strategie basate su relazioni di tipo sessuale, oltre che più squalificanti per le donne che comunque vi ricorrano, e potrebbe ridurre l'attrattiva sessuale che il potere conferisce ai leader. Il successo delle donne in ambito professionale potrebbe significare dunque una perdita di potenziale sessuale per i leader di sesso maschile, non a causa della competizione che costoro ingaggiano gli uni contro gli altri ma a causa di una perdita del potere di attrazione che si manifesta quanto meno nei confronti delle donne in posizioni di potere.

Il fatto che i ragazzi trascorrano molto tempo sotto l'autorità di figure femminili – le madri e le insegnanti – rende difficile formulare congetture a proposito del disagio maschile di fronte all'autorità delle donne. In genere la loro lunga esperienza di subordinazione a figure femminili in situazioni formali non comporta una perdita di status tra gli altri maschi e quindi non ha alcuna conseguenza in termini di minori attrattive sul piano sessuale. È possibile che la reticenza di cui danno prova alcuni uomini che lavorano alle dipendenze di donne rifletta più il risentimento di trovarsi in una posizione inferiore che una questione legata all'identità sessuale del capo.

L'esercizio del potere ha anche l'effetto di rendere alcune donne sessualmente più attraenti, e occasionalmente costoro ostentano la propria sessualità e sfruttano il controllo delle risorse per procurarsi dei partner. Il meccanismo di attrazione sessuale è differente da quello che si verifica tra gli uomini. Mentre gli uomini competono con altri uomini per conquistare una partner, la posizione di dominio delle donne rispetto ad altre donne non ha un ruolo evidente nel determinare il fascino femminile nei confronti degli uomini. Le speculazioni sul fascino sessuale che alcune donne potenti esercitano sugli uomini possono essere lasciate probabilmente alle conversazioni conviviali, anche se forse tale fascino è figlio dell'eccitazione della sfida che uomini dominanti provano al cospetto di donne del genere.

Il rapporto tra leadership e sessualità solleva una quantità di problemi. Esso stravolge, assieme ai rapporti tra le persone, i criteri di una società razionale basata sul merito, e complica il funzionamento delle organizzazioni in diversi modi: attraverso un'indebita confusione della dimensione professionale con quella personale dell'esistenza, le ripercussioni che le relazioni sessuali sul lavoro hanno sull'armonia familiare, i pericoli o le accuse di molestie, lo squilibrio nelle relazioni interpersonali o gli atteggiamenti che variano a seconda del sesso. Inoltre la natura infantile o adolescenziale della sessualità maschile, imprigionata nella lotta per il potere ingaggiata tra maschi, ispira comportamenti simili a quelli dei galletti, più interessati ad assumere pose d'effetto che a conseguire risultati concreti. Gli scontri possono facilmente sfociare in violenze o guerre. Tabù come l'incesto possono essere considerati l'ultima linea di difesa contro l'elemento di disordine che una sessualità libera minaccia di incorporare nell'organizzazione sociale e familiare.

Va infine notato che tali problemi sono in minor misura l'inevitabile conseguenza della sessualità stessa che di una concezione limitata della leadership e della sessualità. Tra l'altro, ad esempio, la sessualità va ben al di là dell'eterosessualità per abbracciare molte altre forme. Una visione più aperta lega la leadership a un'ampia gamma di motivazioni e possibilità, e concepisce la sessualità come una forza fondamentalmente dinamica non legata a un rapporto esclusivo o anche solo specifico. Dobbiamo in definitiva accettare che nel campo della sessualità, come in molti altri, i rischi sono la caratteristica ineludibile dell'esistenza umana e un aspetto importante della libertà.

Il sesso non è l'unica cosa che esista nella vita, ma molti aspetti dell'esistenza vengono arricchiti dalla consapevolezza degli elementi sessuali in essi contenuti. La sessualità costituisce una grande fonte di energia e di bellezza. Giungendo sempre più numerose in posizioni di potere, le donne svilupperanno sempre maggiori sfumature e gratificazioni sessuali connesse con la leadership, non limitate a quelle già coltivate dagli uomini. Sarebbe indubbiamente ingenuo e romantico immaginare che un mondo così arricchito possa apparire più interessante ed eccitante, e anzi è probabile che molti rimpiangeranno nostalgicamente la semplicità del vecchio sistema.

Note

[1] La problematica dei ruoli di genere e sessuali crea un campo minato di complicazioni ideologiche ed emotive che rende difficile sia la ricerca che l'interpretazione dei risultati. March riconosce che la sua opinione in materia è fortemente influenzata dal fatto di essere un uomo, anche se non riconosce alcun merito particolare all'appartenenza al sesso maschile. Fondamentalmente crede che uomini e donne siano esseri umani e trova inconcepibile che una società giusta faccia del genere un elemento discriminante, in particolare per quanto riguarda le opportunità di crescita personale, di successo professionale e di partecipazione alle funzioni genitoriali. Egli è anche convinto che la situazione attuale di superiorità economica e organizzativa del maschio e morale e ideologica della femmina non sia né stabile né desiderabile. Ciò non gli impedisce tuttavia di diffidare delle semplici soluzioni strombazzate da più direzioni. Per un progresso significativo occorrono, contemporaneamente, nuovi approcci all'organizzazione sia della famiglia che dell'ambiente professionale, nonché un cambiamento epocale delle idee tramandate sui ruoli del potere e della gerarchia e della nostra concezione del sesso e della sessualità. Al momento tutti questi temi sono strettamente intrecciati, ma queste difficoltà, pur complicate dal fatto che si tratta di una materia che mette in gioco anche le emozioni, non dovrebbero impedirci di intavolare una discussione rispettosa e razionale di tali questioni.

[2] Questo paragrafo non è tratto dagli appunti di March ma da articoli pubblicati altrove: J.G. March, *Mundane organizations and heroic leaders*, conferenza tenuta in Messico nel 1988 e pubblicata in traduzione francese in «Gérer et comprendre», giugno 2000; T. Weil, *Les mythes du*

management et les organisations floues, in «Revue française de gestion», 28, 2002, pp. 187-194; T. Weil, *A quoi sert le chef: la modélisation subversive chez James March*, in E. Godelier (a cura di), *Penser l'organisation*, Paris, Hermes, 2003.

[3] In altre parole, si tratta delle stesse qualità che vengono correntemente collegate allo stile di management delle donne in posizione di potere, come riassunto schematicamente nella tabella 4.1.

[4] March ha sviluppato altrove, con il concetto di «tecnologia dell'insensatezza», l'idea che l'ipocrisia potrebbe costituire una necessaria transizione dal vizio alla virtù. Un individuo calcolatore e privo di scrupoli che però proclama la propria bontà può trovarsi in una fase esplorativa di un atteggiamento per lui nuovo, che regalandogli delle soddisfazioni potrebbe facilitare una potenziale conversione (J.G. March, *Decisions and Organizations*, Oxford, Blackwell, 1988; trad. it. *Decisioni e organizzazioni*, Bologna, Il Mulino, 1993, cap. 9).

[5] Discutendo il rapporto tra leadership, genere e sessualità, March ebbe a osservare che, in base a certe ricerche, gli studenti che frequentano le lezioni universitarie generalmente sono più portati a pensare al sesso che agli argomenti trattati nelle lezioni stesse. Fece dunque notare che, almeno quella volta, l'argomento in discussione coincideva con i veri interessi del suo pubblico!

[6] La Francia invece, come ha osservato Sylviane Agacinski, aborrisce il puritanesimo: «Le relazioni tra uomini e donne sono sempre state tenute in grande considerazione, e anche il commercio sessuale è molto libero. I francesi applicano in qualche modo alla vita sessuale e amorosa il principio di laicità: come le questioni religiose, le questioni sessuali sono strettamente private. [...] La stessa opinione pubblica separa, più facilmente che altrove, il giudizio che formula sui personaggi pubblici in virtù del loro talento o della loro competenza, in qualsiasi campo, da ogni altra considerazione sulle scelte della loro vita privata, in particolare quelle sessuali. [...] In Francia non si concepisce che la condotta di un individuo possa distruggerne la carriera (come succede in altri paesi per l'infedeltà coniugale o l'omosessualità)». (S. Agacinski, *Politique des sexes*, Paris, Éditions du Seuil, 1998; trad. it. *La politica dei sessi*, Milano, Ponte alle Grazie, 1998, pp. 164-165).

V.

Immaginazione, dedizione e gioia: «Don Chisciotte»

1. *Don Chisciotte della Mancia*

Don Chisciotte è, sotto molti aspetti, un romanzo bizzarro agli occhi dei lettori dell'Europa settentrionale e del Nord America[1]. Il contesto del libro ci è molto distante. Cervantes (nato nel 1547 e morto nel 1616, lo stesso giorno di Shakespeare) era stato soldato e aveva partecipato alla battaglia di Lepanto in cui Venezia e le potenze cristiane avevano respinto i turchi distruggendone la flotta: torniamo qui al contesto dell'*Otello*. Divenuto schiavo in Nord Africa, Cervantes tentò più volte di fuggire o di ottenere la libertà dietro pagamento di un riscatto. Sappiamo che fu un esattore delle imposte, mai molto ricco, e che gli fu sbarrato l'accesso all'alta società (forse a causa della sua condizione di *converso*, ovvero di ebreo convertito), ma anche che divenne in poco tempo un autore di grande successo.

La tradizione da cui attinse – quella del romanzo cavalleresco – era, già ai suoi tempi, oscura e antiquata. Nel romanzo sostiene di ricostruire una storia da fonti contrastanti e resoconti oculari, emendati per risparmiarci innumerevoli digressioni[2] o passaggi di dubbia importanza o veridicità. I due volumi del *Don Chisciotte* furono pubblicati a una distanza di undici anni l'uno dall'altro, dopo che la popolarità del primo volume aveva stimolato la pubblicazione di un seguito per mano di un altro autore. Il secondo volume accenna in più punti a questo seguito apocrifo e presenta commenti al primo volume.

Il romanzo è pieno di osservazioni spiritose e di scene estremamente colorite, caratterizzate dalle allucinazioni cavalleresche di don Chisciotte alle quali prendono parte – per scherzare oppure per salvarsi la pelle – personaggi incontrati lungo la strada. Questi brani magistrali sono intervallati da digressioni piuttosto lunghe (come ad esempio le storie di Marcela la pastora e dell'infanta Micomicona) e da discussioni filosofiche (come il monologo di don Chisciotte sull'età dell'oro e sulle armi e le lettere, e il suo dialogo sulla letteratura con il baccelliere Sansón Carrasco).

Il personaggio di don Chisciotte, ritratto con una certa vaghezza biografica («In un borgo della Mancha il cui nome non mi viene a mente, non molto tempo fa viveva un cavaliere [...] l'età del nostro gentiluomo rasentava i cinquant'anni»[3]) e circondato dal ridicolo (l'armatura arrugginita, l'elmetto di cartone, il cavallo Ronzinante), è, come la Nataša di *Guerra e pace*, schiavo di un'ossessione: il suo onore di cavaliere e l'amor cortese possono sembrare proiettati verso gli altri, ma in realtà non servono che a sottolineare i meriti del nobile cavaliere. Poco sappiamo del compagno di don Chisciotte, Sancho Panza, definito «uomo dabbene (se si può dare questo titolo a chi è povero) ma con pochissimo sale in zucca»[4]. Egli cavalca un asino perché non ama camminare e aspira a diventare governatore, ma dubita che una corona possa star bene sulla testa della moglie. Gli altri personaggi fanno solo sporadiche apparizioni.

Questo romanzo «bizzarro» è tuttavia uno dai capolavori della storia letteraria della civiltà occidentale. Nel presente contesto ci offre l'opportunità di porre tre importanti interrogativi sulla leadership (e sulla vita): qual è il ruolo dell'immaginazione? Cosa motiva e giustifica la dedizione e le grandi gesta? Che peso hanno, in tutto ciò, la gioia e il piacere?

2. *L'immaginazione*

Martin Luther King disse: «amici miei, vi dico che, anche se dovrete affrontare le asperità di oggi e di domani, io ho sempre davanti a me un sogno»[5]. I sogni, le visioni e le altre fantasie dell'immaginazione sono, per quanto elaborati, realistici o coerenti, un mezzo per superare i vincoli posti dalla realtà quotidiana, i condizionamenti fisici, le nostre limitate capacità, il contesto economico-politico.

Essi sono un mezzo ambivalente di espressione di aspirazioni e timori e intrattengono un rapporto complesso con la realtà. Possono essere considerati un modo per evadere dalla realtà, oppio di popoli che grazie a loro possono sfuggire a un mondo ostile, reso insopportabile dai destini individuali o dai maligni incantatori che perseguitano don Chisciotte, e fare ingresso nell'universo dei desideri, come la piccola fiammiferaia della storia di Hans Christian Andersen. Fantasie e visioni posseggono un grande potenziale di evocazione e di stimolo.

Nei sogni tutti possono essere ricchi, o giovani se li tormenta essere vecchi, oppure adulti se non sopportano di essere bambini, o irresistibili seduttori, e tutti possono passare di successo in successo e vivere finalmente in un mondo giusto. I sogni permettono di scoprire nuove possibilità o sentieri che conducono a nuove realtà, giocando sull'ambiguità del presente (forse sono migliore di quello che penso di essere?) e del futuro (questo mondo non può diventare migliore?). I sogni forse non hanno lo stesso realismo degli obiettivi che ci poniamo quando siamo svegli, ma hanno il medesimo effetto di spingerci ad azioni audaci e di motivarci a fare cose che altrimenti non faremmo.

I sogni e l'immaginazione possono inoltre rivelarci l'essenza autentica delle cose, come succede ad Andrej ad Austerlitz o di fronte alla quercia. I sogni ci offrono una visione di una possibile nuova identità o di un mondo che può spingerci ad agire come strumenti del cambiamento[6].

Negando l'evidenza delle cose, i leader puntano alla realizzazione di un sogno audace e grandioso (Giovanna d'Arco, Martin Luther King, Anwar al Sadat, Bronislaw Geremek o Vaclav Havel). Essi proteggono il loro sogno dalle critiche dell'entourage e dai rovesci che sembrano dar loro torto (nella maggior parte dei casi, infatti, le visioni interessanti paiono inizialmente irrealistiche e non producono risultati immediati). I leader spesso mantengono integra la loro visione proponendo una loro lettura dei fallimenti che si verificano al primo tentativo di realizzazione. Per rivoluzionari e riformatori la colpa del mancato successo è il fatto che le idee vengono messe in pratica senza però che si vada fino in fondo. Don Chisciotte evoca l'intervento di maligni incantatori per spiegare i propri fallimenti e per impedire che le proprie azioni vengano considerate sotto una luce diversa. Il pericolo di tale strategia è, evidentemente, quello di non apprendere dall'esperienza; ma ignorare o reinterpretare la realtà è un modo per proteggere da questa la propria visione.

Una visione spesso si incarna in una persona e rimanere fedeli a quella visione significa, di conseguenza, decidere di fidarsi di chi la rappresenta: Steve Jobs alla Apple, Bill Gates alla Microsoft, ecc. Come possiamo assicurarci che la visione sopravvivrà alla dipartita del suo autore? Dobbiamo riuscire a separare la visione dalla persona e considerare che un visionario vede qualcosa prima che lo facciano gli altri, ma *è posseduto* dalla propria visione (come Giovanna d'Arco) più che *possederla*. La visione viene poi trasmessa ad altri seguaci (cosa che riesce allo stesso don Chisciotte quando Sancho Panza rifiuta di accettarne la ritrattazione).

Come possiamo incoraggiare l'apparizione di visioni capaci di modificare il corso della storia? Se non vogliamo che tali visioni rimangano prerogativa di poche improbabili figure di folli, santi e geni sufficientemente asociali da resistere alle ingiunzioni di un mondo ragionevole, dobbiamo essere più tolleranti nel permettere ai sogni di prosperare all'interno delle nostre organizzazioni (e non solo a quelli dei loro leader). Perciò occorre che prevalga una cultura indulgente nei confronti di sogni e visioni e aliena dal reprimerli ricorrendo a verità accettate oppure all'esperienza.

È un peccato che le ricerche sulla leadership visionaria si concentrino troppo sui singoli leader e non abbastanza sul modo in cui il leader riesce a mantenere un clima propizio alla fioritura di visioni originali. Le visioni possono essere motori del cambiamento solo se possono essere condivise per lo meno da alcuni individui: santa Giovanna ebbe bisogno del consenso del conestabile e di Dunois perché le venissero affidate adeguate responsabilità, e Cristoforo

Colombo dovette trovare un'Isabella di Castiglia che gli pagasse le navi. Gli innovatori hanno sempre bisogno di sponsor o investitori che credano nei loro sogni.

Le visioni sono in qualche modo affini all'attività poetica. Il poeta attinge dalla realtà e dall'immaginazione, usando il linguaggio per evocare nuovi significati. La leadership visionaria, o poetica, riconosce che la vita mescola livelli di realtà differenti e i leader agiscono senza comprendere pienamente le ragioni delle loro azioni, ma scoprendone il significato durante l'azione stessa.

Don Chisciotte è un visionario: crea un mondo in cui raddrizza i torti e, come santa Giovanna, coinvolge altre persone nella fantasia che ha creato. Tale fantasia non aspira a un ordine sociale ideale ma piuttosto a una vita giusta, di bellezza e armonia. L'esigenza di una creazione arbitraria della bellezza è esemplificata dall'amore che don Chisciotte nutre per Dulcinea, le cui fattezze sono una creazione della sua immaginazione. Egli sollecita altri a descriverla così come lui la descrive, non perché il ritratto della donna sia oggettivamente accurato ma perché lui (e gli altri) preferiscono considerarlo tale[7]. Quando i mercanti di Toledo dichiarano di essere disposti a tessere le lodi di Dulcinea se don Chisciotte gliela mostrerà, questi replica: «Se ve la mostrassi [...] quale merito avreste nel riconoscere una verità così evidente? L'importante è che senza vederla dovete crederci, riconoscerlo, affermarlo, giurarlo e sostenerlo»[8]. E dice alla duchessa che dubita dell'esistenza di Dulcinea: «la contemplo come conviene che lo sia una dama la quale abbia in sé quelle doti che possono renderla famosa in tutte le parti del mondo»; al che la duchessa risponde: «d'ora innanzi io crederò e farò credere a tutti quelli della mia casa, anche al duca mio signore se ce ne sarà bisogno, che c'è nel Toboso Dulcinea, che vive oggigiorno, che è bella, di illustri natali e degna di essere servita da un tal cavaliere quale il signor don Chisciotte»[9].

Don Chisciotte mette in discussione le concezioni ordinarie della realtà. Egli domanda se sia meglio accettare la realtà o inventarla, e perché non dovremmo credere in Dulcinea e in un mondo più bello[10]. La «pazzia» di don

Chisciotte consiste pertanto nel vivere in un mondo di propria creazione anziché in quello che gli altri conoscono e di non preoccuparsi delle conseguenze delle proprie azioni.

La logica della realtà è rilevante sotto due aspetti per il leader. Da un lato la realtà è complessa e la nostra conoscenza di essa limitata, cosicché non siamo sicuri se un'azione particolare raggiungerà lo scopo desiderato. Questa consapevolezza può indurre alla paralisi (che motivo c'è di fare alcunché se i risultati dipendono dal caso?) o al cinismo (che senso ha combattere per un mondo migliore se non siamo certi dell'effetto delle nostre azioni?). Dall'altro, la realtà può essere creata dall'azione, e non deve necessariamente essere presa per scontata. La realtà è in parte una costruzione sociale e l'interpretazione svolge un ruolo importante in tale costruzione.

3. *La dedizione*

I miti eroici hanno grande spazio nelle convinzioni umane. La fede nell'intervento provvidenziale dei grandi eroi appaga il desiderio umano di esercitare un controllo sul destino. Ai nostri leader attribuiamo un ruolo essenziale nel dipanarsi della storia. Li immaginiamo capaci di trasformare un mondo terribile in un luogo nuovamente incantato.

Secondo Fitzroy R.S. Raglan[11], il tipico eroe mitologico è di stirpe reale e di nascita, in qualche modo, miracolosa (sua madre a volte è una vergine, o forse è figlio di un dio). Il padre (reale o adottivo) è un re e spesso un parente stretto della madre. Alla nascita qualcuno (sovente il padre o il nonno materno) cerca di ucciderlo ma egli sfugge alla minaccia e viene accolto e cresciuto da stranieri in una terra distante. Vive l'infanzia in maniera pressoché oscura, ma raggiunta la maturità fa ritorno nel luogo su cui è destinato a regnare. Lì sconfigge il re, o un gigante, un drago o qualche altra bestia malvagia, sposa una principessa – spesso la figlia del suo predecessore – e diventa re. Poi regna in pace e introduce leggi giuste, ma un giorno perde il favore degli dei o dei sudditi, viene cacciato dal regno e muore misteriosamente, spesso in cima a una collina o a una montagna (a seconda di quello che c'è a disposizione). Non lascia il regno ai figli e non riceve sepoltura, ma gli vengono dedicati diversi templi.

La stessa saga si ripropone, con poche varianti locali, in tutte le epoche e in tutte le culture. L'eroe è spesso un guerriero duro, solitario e stoico, un assassino amorale che aspira all'eccellenza e a un destino speciale, e spesso è posseduto da una visione. In breve, è un personaggio alquanto asociale o persino antisociale.

Il bisogno che abbiamo di eroi (positivi o negativi) ci porta a conferire questo ruolo ai grandi predatori della finanza come Michael Milken o ai creatori di imperi economici come Henry Ford, Alfred Sloan, Steve Jobs, Scott McNealy e Bill Gates. Plaudiamo alle loro imprese... e alla loro rovina finale. Questi geni ed eroi ci rassicurano sulla capacità umana di modificare il corso della storia. Plutarco, Carlyle e altri agiografi dei grandi uomini contrastano, con le loro rassicurazioni, la visione tolstojana dell'insignificanza delle azioni umane.

La leadership eroica richiede grandi azioni e grande dedizione. La dedizione si giustifica di solito con l'attesa di grandi risultati. Questa logica delle conseguenze è alla base di quasi tutti i dibattiti sulle motivazioni, gli incentivi e gli aspetti decisionali nella leadership. L'assunto è che le grandi azioni che producono grandi cambiamenti nel mondo sono sostenute da una fede nella loro efficacia.

Non sembra ci siano dubbi sul fatto che le grandi azioni spesso sono rese possibili dalla convinzione di poter influire sulle cose. Ciò vale sia per la creatività che, addirittura, per le rivoluzioni, che sono meno figlie di un'«impotente» disperazione che del crescente potere di individui portatori dei semi del cambiamento (i borghesi contro gli aristocratici, gli studenti contro la gerarchia amministrativa, ecc.). Le persone che si sentono fattive e riconosciute così come sono, si integrano più profondamente nelle organizzazioni di appartenenza, partecipano più attivamente alla vita politica e assumono più spesso l'iniziativa.

Un leader che abbia già assaporato il gusto del successo è disponibile ad assumersi nuovi rischi e a prendere decisioni più audaci. Il fatto che si preveda il suo successo gli conferisce maggior agio nell'attuare esperimenti rischiosi e incoraggia la gente a interpretare in maniera favorevole i risultati che ottiene. Gli attestati di riconoscimento che le organizzazioni conferiscono ai loro leader e il credito personale che premia risultati apparentemente favorevoli, quand'anche scarsamente giustificati, hanno in definitiva la funzione di stimolare uno stile di leadership audace. Benché sentire di aver raggiunto il successo nel senso di sentirsi appagati nelle proprie aspirazioni tenda a inibire l'assunzione consapevole di ulteriori rischi, un altro effetto è di sottostimare i rischi che si corrono e quindi di osare più di quanto si pensi. Una cultura del successo stimola a credere esageratamente nelle capacità individuali e di conseguenza aumenta la propensione al rischio.

In una logica consequenziale, in cui l'azione è motivata dalla speranza di conseguenze favorevoli, occorre conservare la fiducia in queste conseguenze potenziali («PUOI fare la differenza») anche a costo di ignorare le lezioni dell'esperienza e dell'intelligenza. Ciò si ottiene attraverso l'indottrinamento (l'addestramento dei leader) basato su racconti eroici sul management, la promozione di coloro che ottengono dei risultati (anche se la loro responsabilità personale per tali risultati è incerta), un'interpretazione della storia che esagera il controllo umano e un avvicendamento del personale tale da impedire ai vecchi saggi di contaminare la fede dei novellini. È pure possibile, tuttavia, intraprendere grandi azioni al di fuori di una logica delle conseguenze. Un individuo può essere motivato dalla fede in Dio (come Giovanna d'Arco) o nelle forze della storia (come Kutuzov) o da cause irrazionali (l'amore per Desdemona, la vendetta per Otello, la gioia narcisistica per Nataša).

In don Chisciotte individuiamo un altro fondamento dell'azione: il senso dell'io e dell'identità e gli obblighi che ne derivano, ovvero una logica dell'appropriatezza. Don Chisciotte crea un mondo in cui può vivere la vita che ritiene appropriata. Ciò che lo sostiene è la fedeltà della sua vita agli ideali, a prescindere dalle conseguenze. Egli sostituisce alla logica della realtà la logica dell'identità: «cavaliere sono e cavaliere morirò, se piace all'Altissimo»[12].

Sancho osserva che i cavalieri dei romanzi cavallereschi avevano avuto buone ragioni per compiere le loro imprese: «Mi pare che i cavalieri che fecero tali cose furono indotti da un motivo a compiere quelle sciocchezze e penitenze; ma la signoria vostra che motivo ha per diventar matto? Quale dama lo ha respinto o quali indizi ha trovato che le abbiano fatto capire che la signora Dulcinea del Toboso abbia commesso qualche frivolezza con un moro o con un cristiano?»[13].

E don Chisciotte: «se un cavaliere errante diventa pazzo per una ragione, non c'è nessun merito; il nodo della questione sta nel perdere il senno senza motivo...»[14]. «Senza motivo» dice, intendendo senza una giustificazione di causa ed effetto, perché senza dubbio don Chisciotte ha una giustificazione per le sue azioni: il suo scopo è condurre una vita consona al concetto che ha di se stesso. La sua è una logica dell'identità, che consiste nell'agire sulla base della concezione che si ha di se stessi. L'azione non è più giustificata dalle sue conseguenze, da ciò che ci si attende da essa. Ritorniamo all'asserzione di Kierkegaard secondo cui una religione che può essere giustificata in termini di risultati non è più una religione, o alla nostra precedente discussione sui concetti di fiducia, amore e amicizia: se questi concetti hanno una giustificazione razionale non sono altro che aspetti dell'economia. Gli esseri umani dimostrano la loro umanità non usando la ragione per conseguire i loro obiettivi, ma usando la volontà a dispetto della ragione[15].

Don Chisciotte si considera un raddrizzatore di torti, convinto del suo dovere infallibile di distinguere cos'è giusto e di agire conformemente. Giustifica il suo intervento a favore degli schiavi delle galere, ad esempio, ritenendo ingiusto che siano puniti contro la loro volontà (la giustizia si fonda sull'accettazione della sentenza da parte del colpevole). È convinto che siano stati dichiarati colpevoli perché privi di denaro o di appoggi o perché i giudici erano corrotti, e riflette che sarebbe sufficiente la presenza di un solo innocente tra loro per giustificare la remissione della loro pena. Se qualcuno poi sfuggisse al castigo dovuto, sarebbe ingiusto addossare tale castigo ad altri. Inoltre la giustizia dovrebbe essere fatta applicare, in definitiva, da chi ha patito i torti e non impartita da guardie brutali che non hanno nulla di personale contro i galeotti.

Non ci siano fraintendimenti: le conseguenze delle azioni di don Chisciotte sono raramente di giovamento a lui o a coloro che tenta di aiutare. Spesso la situazione degli altri peggiora e don Chisciotte ne esce in pessima luce. Come Pierre Bezuchov con i suoi servi, con la sua confusa benevolenza don Chisciotte spesso semina il disastro. Per lui la virtù si giudica soprattutto dalle intenzioni: le conseguenze sono secondarie. È un'enfasi, questa, non sconosciuta in altri dibattiti sull'etica[16].

Il senso dell'io di don Chisciotte ha un'eco in Henry Miller:

> Comincerò col dire che il modo in cui trascorro gran parte del mio tempo non corrisponde affatto alle mie inclinazioni. Questo perché sono ancora un uomo di coscienza, del che mi dolgo. Sono un uomo che rispetta i propri obblighi e i propri doveri, le cose cioè contro le quali ho combattuto per la maggior parte dell'esistenza. Vorrei dire «al diavolo tutto, al diavolo tutti, andatevene via dalla mia vita». Ecco come mi sento [...] Voglio dire che vorrei essere l'opposto di quello che sono ma che, tuttavia, per essere del tutto franco e onesto con voi, sono felicissimo di essere come sono. Non vorrei cambiare. Ecco qui la terribile contraddizione. L'ammetto senza vergogna [...] Chiunque tra noi abbia un poco di coscienza e d'intelligenza sa che abbiamo un ruolo da svolgere nella vita [...] Realizzarsi significa svolgere quel ruolo nel miglior modo possibile [...] un uomo che partecipa all'esistenza di oggi, e lo fa consapevolmente e deliberatamente, gode di quello che fa [...] Quando accetti pienamente qualcosa non sei più una vittima. Ma quelli sono uomini rari...[17]

Don Chisciotte ci insegna che il significato della vita non viene predefinito né scoperto, bensì affermato. Egli esalta la dedizione e preferisce agire male in maniera avveduta quando sarebbe meglio astenersi, piuttosto che il contrario. Quando stupidamente ma coraggiosamente affronta i leoni, spiega: «l'affrontare i leoni che or ora ho affrontato mi riguardava direttamente, quantunque sapessi ch'era un'eccessiva temerità, perché so bene che cos'è il valore, che è una virtù posta tra due estremi difettosi, quali sono la viltà e la temerità, ma sarà meno male che chi è valoroso s'innalzi a raggiungere il livello del temerario anziché si abbassi a toccare il livello del vile»[18].

Benché don Chisciotte si dedichi a un progetto personale arbitrario, in nessun modo perora il diritto dell'individuo a cercare e definire un proprio cammino. Non propende per un «io» costruito da un individuo egocentrico ma per un individuo che cerca di discernere e realizzare un «io» definito da un processo storico-sociale. Egli rimane fedele a una visione – quella del cavaliere errante – che non cerca di giustificare, criticare o perfezionare[19], e ci insegna la mancanza di grazia di un'azione giustificata dalla speranza di effetti favorevoli. Ama la sua signora perché il destino del cavaliere errante è di languire per una dama, e non c'è merito nel proclamare la perfezione di una dama reale veramente perfetta.

Il suo mondo è organizzato attorno alla consacrazione all'identità che ha deciso di impersonare. A Sancho che gli dice: «Badi la signoria vostra, o signore, che io non sono don Rodrigo di Narváez, né il Marchese di Mantova, ma Pedro Alonso, il suo vicino, e la signoria vostra non è Baldovino né Abindarráez, ma quell'onorato gentiluomo del signor Quijana», don Chisciotte risponde: «So io chi sono» *yo sé quien soy*[20]. In queste quattro parole esprime il concetto fondamentale di ciò che giustifica la dedizione.

4. *La gioia*

Nelle saghe norvegesi si racconta la storia di Olaf Trygvason, grande guerriero norvegese del X secolo, che visse appena 30 anni prima di cadere in battaglia, ma fece in tempo a combattere in tutta l'Europa settentrionale, in Irlanda, in Inghilterra, in Scozia e in Scandinavia. Nel frattempo, contribuì in modo determinante alla conversione della Norvegia al cristianesimo. È difficile tuttavia leggere le saghe senza trarne l'impressione che Olaf Trygvason fosse spinto meno dallo zelo religioso o da cause politiche che dalle semplici gioie del combattimento: «Re Olaf era il più felice degli uomini, gioviale, allegro e clemente... era un tormento per i suoi nemici: qualcuno lo bruciò, qualcun altro lo fece sbranare dai cani selvatici, altri li mutilò o li scaraventò giù da alte montagne... Paradiso e inferno scoppieranno prima che nasca un altro capo come il gioviale Olaf».

La leadership offre diversi tipi di piacere, il primo dei quali è il piacere di diventare leader, cioè sia di progredire socialmente che di prevalere nella competizione per la leadership. Poi vengono i piaceri connessi con l'esercizio del ruolo (presiedere incontri, pilotare il consenso, dare ordini, prendere decisioni, ricevere delegazioni, accordare favori, gestire crisi), di essere al centro dell'azione (sapere quello che succede meglio degli altri, conoscere l'altro lato delle carte, partecipare al teatrino delle riunioni o delle negoziazioni), di condurre una vita eccitante, di provare una fiducia che è il risultato del valore che la gente attribuisce al tempo e all'attenzione del leader. Infine, c'è il piacere del riconoscimento, della conferma della posizione di prestigio che si detiene, un appariscente biglietto da visita, notorietà, deferenza (si diventa saggi, sensibili, intelligenti, sexy) e i benefici collaterali (soldi, bonus vari, biglietti aerei di prima classe).

Spesso è pertanto più facile comprendere certi aspetti del comportamento dei leader concentrandosi sui piaceri che essi possono trarre dalle loro azioni che sui risultati che essi conseguono.

Riguardo ai piaceri dell'azione nutriamo un atteggiamento ambivalente, che da un lato critica coloro che dimenticano gli scopi fondamentali e vivono «senza curarsi del domani», dall'altro anche coloro che si proiettano sul lungo periodo e sacrificano tutti i piaceri dell'esistenza per una pentola d'oro nascosta là dove l'arcobaleno tocca l'orizzonte. Nella cultura americana si fronteggiano una glorificazione del consumo (contrapposto ai piaceri della creazione e della contemplazione) e una tradizione puritana che concepisce il piacere come qualcosa di peccaminoso e tollera il gioco solo in quanto attività seria, pianificata, organizzata e ottimizzata. La leadership è dunque, alternativamente, un'attività piacevole, evangelizzazione, la ricerca del riconoscimento personale, una solenne accettazione di responsabilità soverchianti, una possibilità di rafforzamento dell'autostima, qualcosa che si confà solo alle persone schiave del lavoro.

Don Chisciotte celebra simultaneamente una consacrazione all'identità e la realizzazione della gioia. Il romanzo è un capolavoro di comicità. Mentre la tragedia conferma che la vita ha significato e che è immaginabile la vittoria dell'Uomo sulle avversità, la commedia preferisce irridere alle follie ed eccentricità umane.

Questa irrisione è una risposta all'assurdità della condizione umana ma non presuppone alcuna forma di ostilità. Anche se ridiamo delle disavventure e delle fisime di don Chisciotte, ciò non ci impedisce di trovarlo simpatico e di essergli grati, così come lo sono diversi dei personaggi del libro.

Quando il baccelliere Sansón Carrasco (il Cavaliere della Bianca Luna) rivela a don Antonio Moreno che, dopo un primo tentativo infruttuoso di sconfiggere don Chisciotte in combattimento con l'obiettivo di riportarlo a casa per farsi curare, alla fine era riuscito nell'impresa, don Antonio replica: «Oh signore, Dio vi perdoni il torto che avete fatto a tutto il mondo nel voler rinsavire il più divertente pazzo che ci sia! Non vi accorgete, signore, che il vantaggio della savièzza di don Chisciotte non potrà arrivare al punto a cui arriva il piacere ch'egli ci dà con i suoi vaneggiamenti?»[21].

Ridiamo di don Chisciotte perché è divertente, ma non lo disprezziamo. Egli ci ricorda quanto siamo insignificanti e ridicoli. Oggi tendiamo a disapprovare il riso quando è rivolto ai folli, e approviamo solo gli sberleffi ai potenti. Ammiriamo tuttavia don Chisciotte, pur ridendo di lui, perché incarna un ideale di gioia. Egli trasforma la propria vita in un'opera d'arte adottando un ruolo e portandolo fino alle estreme conseguenze.

Consacrarsi a un ruolo dà tre tipi di piacere estetico. In primo luogo, l'esperienza diretta delle gioie connesse con la situazione che viviamo: l'ebbrezza del potere, l'esaltazione dell'amore, il piacere sensuale di sentirsi vivi. In secondo luogo, l'ironia che deriva dalla consapevolezza dell'aspetto beffardo di questo ruolo, il senso del ridicolo che è alla base di tutte le pose che assumiamo. E in terzo luogo, l'affermazione, l'apprezzamento e l'accettazione del ruolo. Pur consapevoli dei suoi limiti e delle assurdità della nostra posizione, ci rendiamo conto della sua bellezza e accettiamo le nostre responsabilità, i nostri amori e la nostra vita.

Cervantes esalta il riso non perché la commedia è funzionale a uno scopo elevato, come ad esempio insegnarci qualcosa, ma perché il riso è fondamentale. Esso infatti ci permette di trascendere la nostra condizione tragica, di comprendere meglio la condizione umana riconoscendone il lato intrinsecamente buffo. Cervantes ci mostra come, prendendolo in giro, gli amici di don Chisciotte non facciano alcunché di male, anzi contribuiscano alla gioia della vita; ci dice che la vita è da ridere e che il pagliaccio è un eroe.

Scrisse Henry Miller:

> La gioia è come un fiume: scorre senza fine. E secondo me proprio questo è il messaggio che il clown cerca di comunicarci, che dobbiamo cioè confonderci in questo incessante scorrere e trascorrere, che non dobbiamo fermarci a riflettere, confrontare, analizzare, possedere, ma fluire, fluire senza fine, come la musica. Questa è la virtù di chi si arrende, e il clown ne è il simbolo. Tocca a noi trasferirlo nella realtà. [...] Mai come ora, in tutta la storia umana, il mondo è stato pieno di dolore e di angoscia. Eppure ogni tanto incontriamo individui intatti, senza macchia, come preservati dalla lebbra comune. E non si tratta di individui privi di sensibilità, anzi! Sono esseri emancipati. Per loro il mondo non è quello che appare a noi. Loro lo vedono con altri occhi. Noi diciamo che sono morti al mondo. Vivono nell'attimo, pienamente, e l'alone che emana da loro è un eterno canto di gloria[22].

5. *L'insegnamento di don Chisciotte*

Don Chisciotte celebra l'immaginazione, la dedizione e la gioia. Ci ricorda quanto sia ambigua la realtà e come sia suscettibile di numerose interpretazioni. In tal modo ci rende consapevoli di certi lati assurdi della vita di un leader e della simpatia che dunque dobbiamo sentire per questo ruolo e per le persone che lo svolgono; ma mostra anche il lato comico delle pose e delle pretese dei leader... e di altri. La leadership può essere considerata una vocazione arbitraria, gioiosa e ingiustificabile. Deve essere apprezzato il piacere della sua gratuità, e i leader devono distinguersi per l'eleganza e l'entusiasmo con cui svolgono il proprio ruolo. In ogni caso essi hanno non solo la possibilità di contribuire alla bellezza del mondo creando una realtà che dà valore agli individui e alla specie umana nel suo complesso, ma anche di scoprire se stessi attraverso l'azione.

I limiti di don Chisciotte derivano dalla sua perdita di contatto con la realtà. L'unica cosa che gli interessa è se stesso, e non presta attenzione ai bisogni reali degli altri. La sua propensione a prestare attenzione solo alle intenzioni di un'azione senza considerarne le conseguenze è potenzialmente catastrofica. Il suo desiderio costante di imporre la propria volontà sulla realtà lo emancipa da qualsiasi controllo sociale o pratico, rendendolo pericoloso per il suo ambiente. Egli dipende dalla benevolenza altrui e, nonostante l'apparente assenza di egoismo, vive da parassita come Nataša. Non saprebbe dunque proporsi come esempio da seguire. Il mondo ha bisogno anche del senso comune. Da ciò non dovremmo però dedurre che sarebbe meglio che don Chisciotte non esistesse. Al contrario, dobbiamo fare in modo di proteggere i don Chisciotte di questo mondo, che rendono la vita più degna di essere vissuta.

Da questo punto di vista, quando si chiede a qualcuno di spiegare perché aspira a una posizione di potere, questi dovrebbe rendere noto a tutti che è a causa della fede nell'onore cavalleresco, nei piaceri associati con il ruolo del leader e nella purezza e bellezza della signora Dulcinea del Toboso. E soprattutto dovrebbe ogni giorno essere in grado di dire, con don Chisciotte: so io chi sono.

Note

[1] Segnaliamo il film, sceneggiato da J.G. March e diretto da S. Schecter, *Passion and Discipline: Don Quixote's Lessons for Leadership*, Films for the Humanities and Sciences (www.films.com).

[2] Quando don Chisciotte arriva nel castello di don Diego de Miranda, ad esempio, Cervantes scrive: «Qui l'autore descrive tutti i particolari della casa di don Diego, ritraendoci in essi quello che c'è nella casa di un nobiluomo campagnolo e ricco; ma al traduttore di questa storia parve opportuno passar sotto silenzio queste e altre simili minuzie, perché non rientravano nell'intento principale della storia, la cui forza sta più nella verità che nelle fredde digressioni» (M. de Cervantes, *Don Chisciotte della Mancia*, a cura di Letizia Falzone, Milano, Garzanti, 2000, parte II, cap. 18, p. 571).

[3] *Ibidem*, parte I, cap. 1, p. 17.

[4] *Ibidem*, parte I, cap. 7, p. 52.

[5] Martin Luther King, Jr., *I have a dream*, Washington, DC, 28 agosto 1963; trad. it. in *Io ho un sogno: scritti e discorsi che hanno cambiato il mondo*, Torino, Società editrice internazionale, 1993, p. 102.

[6] Secondo Claude Riveline, i due momenti che cambiano la vita sono i sogni e il lutto. A differenza dei sogni, tuttavia, il lutto tende a un adeguamento delle aspirazioni personali alla realtà del mondo. Benché il lutto sia quindi una fase necessaria della crescita individuale, i sogni sono più potenti fattori di trasformazione del mondo.

[7] Si noti che una simile retorica fu utilizzata 21 anni più tardi da Cartesio (forse su derivazione da sant'Anselmo), nel *Discorso sul metodo*, per provare l'esistenza di Dio.

[8] Cervantes, *Don Chisciotte*, cit., parte I, cap. 4, p. 37.

[9] *Ibidem*, parte II, cap. 32, p. 670.

[10] L'approccio di don Chisciotte è in definitiva così diverso da quello dei creatori dei «retromondi» criticati da Nietzsche, o dal sogno prometeico di costruire un mondo migliore e più accettabile?

[11] F.R.S. Raglan, *The Hero: A Study in Tradition, Myth, and Drama*, Westport, Greenwood Press, 1975.

[12] Cervantes, *Don Chisciotte*, cit., parte II, cap. 32, p. 663.

[13] *Ibidem*, parte I, cap. 25, p. 191.

[14] *Ibidem*.

[15] Scandali come quello della Enron e della Worldcom dimostrano cosa accade quando i contabili privilegiano lo sviluppo delle potenzialità commerciali (l'efficienza immediata, la logica dell'utilitarismo e dell'opportunismo) alle pratiche standard della professione (la conformità a un ruolo sociale, la logica dell'identità).

[16] Se siamo manipolati e ingannati, / e riceviamo il male anziché il bene / da chi non sa nulla / e scambia il male con il bene, / non è bene che egli soccomba? (Louis Aragon, *Je proteste*).

[17] H. Miller, *My Life and Times*, Chicago, IL, Playboy Press, 1971.

[18] Cervantes, *Don Chisciotte*, cit., parte II, cap. 17, p. 569.

[19] Analogamente, Antigone non si oppone alle leggi di Creonte nel nome di una libertà inalienabile o di una coscienza individuale che si solleva contro l'ingiustizia dell'oppressione, ma piuttosto agisce in nome di valori sacri che le impongono obblighi nei confronti dei morti della sua famiglia. Come mostra Anouilh, senza tradire Sofocle, Antigone è una conservatrice che contrappone l'arbitrarietà della religione alla più moderna arbitrarietà della ragion di Stato.

[20] *Ibidem*, parte I, cap. 5, p. 40.

[21] *Ibidem*, parte II, cap. 65, p. 877.

[22] H. Miller, *The Smile at the Foot of the Ladder*, New York, Duell, Sloan and Pearce, 1948; trad. it. *Il sorriso ai piedi della scala*, Milano, Feltrinelli, 1963, pp. 76-77.

Epilogo

Idraulici e poeti

Abbiamo esordito con un approccio scettico alla leadership. Non è affatto evidente che la leadership richieda talenti particolari, o che sostanziali differenze nel successo delle organizzazioni riflettano le diverse qualità dei rispettivi leader, o ancora che la storia sia il prodotto delle azioni dei leader. Tuttavia la leadership – e il nostro rapporto con essa – sono importanti per un buon funzionamento della società e affinché i leader stessi e i loro sottoposti si sentano a loro agio.

Migliorare l'esercizio della leadership è dunque una grande impresa. È altrettanto importante riflettere sul rapporto tra benessere individuale e leadership, di modo che i leader possano contemperare le ambizioni di potere con gli obblighi che la leadership impone e la dipendenza che essa genera. In questo modo, dedicarsi alla carriera di leader o lavorare accanto a un leader diventano occupazioni socialmente utili e personalmente gratificanti.

Abbiamo sostenuto che i problemi essenziali che un leader deve affrontare sono puramente e semplicemente quelli della vita: come dare un senso etico ed estetico alle nostre esistenze? Come conciliare una ricca vita personale con le responsabilità pubbliche? Come incoraggiare la creatività e l'immaginazione senza pagare lo scotto delle idee stupide che esse partoriscono? Come trovare un equilibrio tra i vantaggi e gli svantaggi connessi con la diversità e l'unità? Come bilanciare ambiguità e coerenza? Quali sono i costi di un sistema basato sul rapporto tra potere e subordinazione, e quali le alternative? In che modo gli elementi connessi con la sessualità e il genere influiscono sul nostro comportamento? Come conserviamo le nostre motivazioni? Come possiamo conciliare immaginazione, sogni e visioni con la consapevolezza della realtà? In che modo i piaceri della vita influiscono sui risultati delle nostre azioni, sui nostri stili di vita e sul significato che diamo all'esistenza?

Questo elenco è ovviamente incompleto, e alcuni temi importanti sono stati trattati per amor di discussione, non con l'obiettivo di individuare delle soluzioni. Ciascuno di noi costruisce la propria visione della leadership attorno ad essi.

Esistono due dimensioni fondamentali della leadership: l'«idraulica», ovvero la capacità di applicare in maniera efficace tecniche note, e la «poesia», che sgorga dalle gesta e dall'identità del leader e lo spinge a esplorare strade inattese, a scoprire significati interessanti, ad affrontare la vita con entusiasmo.

L'idraulica della leadership comporta un controllo dell'efficienza dell'organizzazione nei compiti quotidiani[1], come assicurarsi che i gabinetti funzionino e che qualcuno risponda al telefono. Ciò richiede competenza non solo al vertice ma anche a tutti i livelli dell'organizzazione; una capacità di padroneggiare il contesto (che suppone che gli individui competenti siano perfettamente al corrente dei dettagli dell'organizzazione); una capacità d'iniziativa fondata su deleghe e monitoraggi; un senso di comunità condiviso da tutti i membri dell'organizzazione che si sentono nella «stessa barca» e si fidano gli uni degli altri, aiutandosi reciprocamente; e, infine, un coordinamento discreto, con ciascun individuo sufficientemente consapevole del proprio ruolo da essere capace di integrarsi nel processo complessivo e di adeguarvisi costantemente[2].

Si tratta di aspetti essenziali per l'operatività di un'organizzazione, ma che non compaiono in gran parte dei trattati sulla leadership, senza dubbio perché troppo banali o troppo legati a un contesto preciso e a tecniche specifiche. Affinché il mondo possa beneficiare di alcuni don Chisciotte e di qualche rara Giovanna d'Arco, occorrono numerosi Sancho Panza e Dunois.

La leadership richiede comunque anche i talenti del poeta, necessari per trovare il significato dell'azione e rendere attraente la vita. La formulazione e la disseminazione di interpretazioni interessanti della realtà costituiscono la base di un'azione collettiva costruttiva. Il leader dispone dell'autorità e delle parole a tal fine. Se il potere non viene usato come strumento per conquistare prestigio sul piano personale, ma come mezzo per incoraggiare l'emergere e il realizzarsi di altri individui, se ne può apprezzare il fascino minimizzando i timori che ispira. Le parole ci permettono di forgiare visioni e il linguaggio poetico, grazie alla sua forza evocativa, ci permette di dire più di quello che sappiamo, di insegnare più di quello che comprendiamo.

Un leader deve saper apprezzare la vita ed essere consapevole della realtà senza lasciarsi intrappolare dal cinismo e dall'amarezza che possono derivare dalla conoscenza della probabile inanità dei nostri sforzi. Deve saper assaporare le gioie più semplici ed esaltare la forza di volontà.

La forza di volontà è ciò che ci permette di consacrarci senza riserve e incondizionatamente (come Desdemona, il cui amore per Otello rimane intatto anche mentre lui le sta rovinando la vita), di agire senza giustificazioni, di amare quello che non può essere amato, di avere fiducia in ciò che è inaffidabile, e di credere nell'incredibile, di poter dire: so io chi sono.

Il corso su cui questo libro è basato si concludeva solitamente con una citazione da Étienne Pivert de Senancour: *L'homme est périssable. Il se peut; mais périssons en résistant, et, si le néant nous est reservé, ne faisons pas que ce soit une justice.* [L'uomo è perituro. Può darsi, ma moriamo resistendo, e, se ci è destinato il nulla, non facciamo in modo che questo sia giusto][3].

Note

[1] Tutti questi punti sono discussi in dettaglio in J.G. March, *Mundane organizations and heroic leaders*, conferenza tenuta in Messico nel 1988 e pubblicata in traduzione francese in «Gérer et comprendre», giugno 2000.

[2] Questa capacità di «adeguamento nel tempo» ricorre negli studi sul project management.

[3] Étienne Pivert de Senancour, *Oberman*, Paris, 1804; trad. it. *Oberman*, Milano, Rizzoli, 1983, p. 391.

Finito di stampare
nel mese di ottobre 2020
presso Rotomail Italia S.p.A. – Vignate (MI)